## 회아천 연가

회야천 연가

초판발행 2025년 11월 20일

지은이 김응숙
펴낸이 신지원
펴낸곳 도서출판 소소담담
등  록 2015년 10월 10일(제2017-000017호)
주  소 대구광역시 북구 호국로43길 7-19, 201호
전  화 053-953-2112

ISBN 979-11-94141-22-8 (03810)
ⓒ 김응숙, 2025

＊책값은 뒤표지에 표시되어 있습니다.
＊저자와 출판사의 사전 동의 없는 무단 전재 및 복제를 금합니다.
＊이 책은 2025년 양산시 지역문화진흥기금의 지원을 받아 발간하였습니다.

# 회야천 연가

김응숙
에세이

|작|가|의|말|

회야천 기슭에 십 년 넘게 깃들어 살았다.
기쁠 때, 슬플 때, 무료할 때 하천변을 걸었다.
흐르는 하천은 늘 살아가는 일을 생각하게 했다.
문득 내 보잘것없는 글을 이웃들과 나누고 싶어졌다.
감사하는 마음으로 이 소박한 책을 낸다.

2025년 11월
회야천에 부는 가을바람을 맞으며
김응숙

## ‖‖‖‖ 차례 ‖‖‖‖

작가의 말　　　　　　　　　　　5

### 1부 회야천을 걸으며

이사오던 날　　　　　　　　　10
그녀 돌아오다　　　　　　　　14
흐르는 묵지　　　　　　　　　18
그대 인생에 '치얼스'　　　　　22
이곳에 네가 있다　　　　　　　26
효도라디오　　　　　　　　　30
하천이 되어 흐른다는 것은　　36
때죽나무를 긁으며　　　　　　40
하천계　　　　　　　　　　　44
안개가 스미는 시간　　　　　　48
물새 우는 언덕　　　　　　　　52
바람이 등을 떠밀 때　　　　　56
푸른 입술　　　　　　　　　　62
바닥을 긁다　　　　　　　　　66
저 물결 아래　　　　　　　　　70
수달 가족　　　　　　　　　　74
백로　　　　　　　　　　　　78
벚나무　　　　　　　　　　　82
너와 나 사이에　　　　　　　　86
어느 무인 카페　　　　　　　　92

## 2부 비망록에 붙이는 글

| | |
|---|---|
| 평범을 품다 | 100 |
| 가을 | 104 |
| 시험 친 지 | 106 |
| 허리 디스크 | 108 |
| 아빠 사랑해 | 110 |
| 곧 개강 | 112 |
| 예전에 비해 | 114 |
| 그대는 | 116 |
| 예쁜 순이 | 118 |
| 한미 외교 | 120 |
| 오가는 인연 | 122 |
| 김밥 3줄 | 124 |
| 오늘 하루 | 126 |
| 까맣게 잊어버렸다 | 128 |
| 오랜만에 와보니 | 130 |
| 끝내는 것보다는 | 132 |
| 외상 | 134 |
| 날씨가 꿀 | 136 |
| 게으름에 빠져서 | 138 |

| | |
|---|---|
| 날씨가 춥네요 | 140 |
| 우연 | 142 |
| 내 삶의 인연 | 144 |
| 자전거 한 대 | 146 |
| 다이어트 중 | 148 |
| 잘 먹고 갑니다 | 150 |
| 당신의 소식 | 152 |
| 커피 한 잔의 철학 | 156 |
| 무작정 걸어보네 | 158 |
| 평범한 사람 | 160 |
| 분위기 좋은데 | 162 |
| 한 살 된 애기 | 164 |
| 비가 오는 | 166 |
| 혼자라서 | 168 |
| 사장님 | 170 |
| 회야강 | 172 |
| 살다가 힘들면 | 174 |
| 3월 꽃샘 추위 | 176 |
| 더위가 절정 | 178 |
| 5.18 | 182 |
| ▲▲ ♡ ■■ 22일 | 184 |
| 오늘도 비가 내립니다 | 186 |

# 1부
# 회야천을 걸으며

# 이사오던 날

사다리차는 덜컹거리며 아래로 짐을 실어 나른다. 장롱과 식탁처럼 큰 짐이 먼저 내려온다. 이어서 밖으로 내놓기 민망한 묵은 살림살이들이 드러난다. 하나같이 때 묻고 낡은 것들이다. 난간도 없는 판 위에서 흔들리며 내려와 정신을 차릴 새도 없이 트럭에 실린다. 그 작은 집에 이렇게 많은 물건이 있었다는 게 믿기지 않는다.

그도 그럴 것이 23년 만에 자리를 털고 일어선 참이다. 그 사이 십 년간 함께 살았던 시어머니를 떠나보냈고, 두 아이를 독립시켰다. 삼십 대 초반이었던 나는 오십 대 후반이 되었다. 아침부터 날이 흐리더니 기어코 빗방울이 떨어지기 시작한다. 작업자들이 이삿짐 위로 천막을 덮는다.

비 오는 날 버스를 탄 게 잘못이었을까. 나는 커브를 트는 버스 안에서 미끄러져 넘어졌다. 오른쪽 무릎이 뒤틀렸다. 응급수술을 받고 두 달 넘게 병원 신세를 졌다. 다리 깁스를 풀었다고 당장 걸을 수 있는 게 아니었다. 게다가 엘리베이터도 없는 오 층 짜리 아파트 5층이었다. 이사 갈 집을 찾아야만 했다.

논바닥에 덩그러니 서 있는 새진흥 아파트는 당시만 해도 인근에서 유일한 아파트였다. 하루가 다르게 오르는 집값에 쫓겨 이곳을 찾았을 때 이미 분양되지 않은 곳은 맨 위층 뿐이었다. 팔을 벌리면 병풍처럼 펼쳐진 천성산이 품에 안겼다. 내 머리 위에 사람이 살지 않는 것도 좋았다. 햇살과 바람을 거침없이 받으며 사는 삶을 꿈꿨다.

그러나 갈수록 형편이 어려워졌다. 굽이굽이 고비를 넘는 힘겨운 삶이 이어졌다. 그러나 생활에 포기란 있을 수 없었다. 하루하루 무거운 몸으로 계단을 오르며 언젠가는 진짜 높은 곳에 오를 수 있다고 자신을 달랬다. 여름의 땡볕과 겨울의 찬바람을 맞으면서도 알 수 없는 오기로 맞선 것 같다. 그사이 고층 아파트들이 우후죽순 들어섰고 엘리베이터가 그곳에 사는 사람들을 높은 층으로 실어 날랐다.

우물 안 개구리였음이 틀림없다. 개구리는 뛰어도 폴짝 한 걸음이 고작이다. 나도 그랬다. 벼르고 별러서 찾은 곳이 차로 십 분도 안 되는 거리였다. 부산이나 울산으로 갈 형편도 되지 못했고 딱히 그럴 이유도 없었다. 오래 살아 고향 같은 이곳을 떠나고 싶지 않았다. 그리고 유일하게 발견한 빈집이었다. 게다가 언제나 내 발로 출입할 수 있는 1층이라는 점이 마음을 정하게 했다.

교차로에서 신호를 받던 트럭이 다리를 건넌다. 회색 하늘 아래 느긋이 몸을 누인 하천은 천천히 흐르고 있다. 마치 한세상을 건너 또 다른 한세상으로 들어서는 느낌이다. '회야강'이라는 표지판이 스친다. 차창에 눈을 대고 열심히 바라본다. 가는 빗방울을 맞으며 유유히 노니는 오리들이 보인다. 저만치 백로 한 마리 날개를 펴고 난다.

 하천을 따라 올라가니 내가 둥지를 틀 아파트 단지가 보인다. 창 앞에 산사나무 세 그루가 있는 집에 짐을 부린다. 많이 버리고 왔는데 또 버릴 것이 보인다. 작업자들에게 부탁해 재활용장으로 내놓는다. 어느새 비가 그치고 하늘이 맑아진다. 절뚝거리며 작은 물건을 나른다. 이제는 오르지 않아도 되는 걸음이 조금은 가볍다.

 이사 트럭을 배웅하고 돌아보니 길게 늘어선 단지 옆구리를 회야천이 휘돌고 있다. 하천은 오르려 하지 않는다. 마냥 낮은 곳으로 흐를 뿐이다. 인연 따라 흘러드는 지류를 품지만 가두지는 않는다. 세월에 순응하며 그저 몸을 낮춘다. 마치 인생의 비의를 아는 철학자 같다. 구름 사이로 언뜻 비치는 햇살에 잔주름을 잡으며 눈웃음을 짓는다. 이제 이 낮은 곳이 내 삶의 터전이다.

# 그녀 돌아오다

그녀는 모종의 냄새를 지녔다. 이 표현이 마음에 들지 않지만 달리 대신할 단어가 없다. 담배를 피우는 사람에게서는 니코틴 냄새가 나고, 술을 마신 사람에게서는 알코올 냄새가 난다. 오랜 시간, 가난을 흡입한 사람에게서 나는 채취라고나 할까. 세련된 차림새로도, 우아한 말솜씨로도 가릴 수 없다. 그보다 훨씬 깊은 곳에서 우러나는 냄새이기 때문이다. 슬픔은 익어서 들큼해지고, 아픔은 삭아서 알싸해진다. 나에게도 밴 이 냄새를 나는 그녀에게서 맡았다.

단지 한 아파트에서 살고 있다는, 또래를 키우고 있다는 이유로 그녀와 가까워졌다고 생각하지 않는다. 그녀와 나는 여러 면에서 비슷하면서도 다르다. 나는 글을 쓰고 그녀는 그림을 그린다. 나는 세상의 주변을 빙빙 돌지만 그녀는 정면 돌파한다. 이곳 양산에 붙박고 사는 나와는 달리 그녀는 여러 도시를 돌아다니며 살고 있다. 그래도 우리가 삼십 년 넘는 세월 교류하는 것은 아마도 서로의 냄새를 맡고, 그 익숙한 정서를 편안해하기 때문일 것이다.

무료한 한낮, 하천에 퐁당 돌 던지는 소리 같은 그녀의 목소리가 나를 깨운다. 눈에서 멀어지면 마음에서 멀어진다는 말은 반만 맞다. 자주 볼 수 없으니 자연이 연락이 뜸해진다. 그렇다고 잊은 건 아니다. 갑자기 전화가 와도 마치 어제 본 것처럼 격의가 없다.

"나 양산에 내려왔어. 지금 거기에서 보자."

과연 그녀답다. 그 먼 거리에서 약속도 없이 갑자기 오다니, 마음이 내키면 즉시 행동으로 옮기는 그녀를 따라잡기는 어렵다.

"내가 집에 없었으면 어떡하려고, 미리 연락 좀 주지."

대답 또한 그녀답다.

"자기가 없어도 괜찮아, 나 회야천 찾아서 온 거야."

우리는 회야천 인근 마을에서 어린 자식들을 키웠다. 가까운 대도시에서 밀려온 넉넉지 못한 형편들이었다. 게다가 젊었으므로 때때로 우리의 결핍은 자존감을 집어삼킬 만큼 거센 물결을 일으켰다. 혈기 왕성한 욕망에 비해 현실에서 채울 수 있는 충족이 턱없이 적었다. 간혹 감정이 범람해 주체하지 못하는 상황이 오면 그녀가 소주잔을 채우며 이렇게 말했다.

"친구야, 인생 별거 아니야. 잘난 척하는 것들도 거기서 거기야. 다 지나가는 거야."

물론 허세였다. 그래도 그때는 그 말이 위로가 되었다. 그래, 지금은 이래도 인생 뭐 별거 있겠어. 그냥저냥 살아가는 거지. 모쪼록 세상이 별거 아니기를 바라면서 별거 없는 두 여자는 술잔을 기울였다.

하지만 사람과 사람 사이에는 깊은 강이 흐른다고 하던가. 막상 나는 그녀의 깊은 곳까지는 어루만져 주지는 못한 거 같다. 상황이 진짜 심각해지면 누가 먼저랄 것도 없이 서로 만나지 않았다. 그저 멀찍이서 기다리기만 했다. 누구보다도 자존심이 강한 그녀였다. 공허한 덧말들이 가닿지 않을 건 뻔했다. 그러다 보면 어느 날 문득 아무 일도 없었다는 듯이 그녀가 웃는 얼굴로 찾아오곤 했다.

그런 그녀가 무인카페에 앉아 회야천을 바라보며 한마디 한다.

"나 말이야, 옛날 정말 힘들 때면 한밤에 회야천을 따라 한없이 걷곤 했어. 그때는 가로등도 없고 산책로도 없었는데 무섭지 않더라고. 달빛에 의지해 흐르는 물 따라 홀로 걷다 보면 어느 순간부터 마음이 치유가 되더라고. 그때 생각이 나서 내가 또 왔지."

눈가에 잔주름을 지으며 그녀가 웃는다. 그 주름을 따라 세월이 지나간다. 나는 왠지 그녀가 세월을 거슬러 올라 회야천으로 돌아온 연어 같다. 나란히 산책로를 걷는데, 그녀가 반가운지 오늘따라 물소리가 유난히 크다.

# 흐르는 묵지

마음이 영 개운하지 않은 날이 더러 있다. 특별히 근심이나 걱정이 있지도 않은데 말이다. 아픈 곳 없이 아픈 몸처럼 불편한 것 없이 불편한 마음이 된다. 지난날의 사소한 실수가 문득 떠오르기도 하고, 앞날의 막연한 불안이 불쑥 솟기도 한다. 블라인드를 올리고 햇살을 들여도 마음 골짜기의 이물감을 몰아내기는 어렵다. 그럴 때 나는 하천가를 걷는다.

머플러 사이로 찬바람이 스민다. 춥지는 않다. 며칠 전 가을비치고는 제법 많은 비가 왔다. 물줄기에 힘이 느껴진다. 징검돌 사이를 빠져나가는 물살처럼 내 걸음이 조금 빨라진다.

글이 이렇게 물 흐르듯 써지면 얼마나 좋을까. 수필은 자신의 경험을 고백하는 특성이 있다 보니 곧잘 자기검열에 부딪친다. 어디까지 솔직해야 하는 걸까. 이 진솔함이 독자에게 가 닿을 수는 있을까. 괜히 초라한 자신을 드러내어 웃음거리나 되는 것은 아닐까. 자판을 두드리는 손이 멈칫거리곤 한다.

설사 이런 어려움을 극복하고 작품 한 편을 써냈다고 해서 마냥 만족스러운 건 아니다. 읽을수록 부족함을 느낀다.

왠지 최선을 다하지 못했다는 자책이 든다. 조금 다듬을 수는 있지만, 그렇다고 다시 쓰기는 어렵다. 왜냐하면 글이 완성되면 그 글을 향했던 마음도 소진되기 때문이다. 우리네 인생사 모든 일이 그렇듯이 지난 것들은 언제나 미진하다.

이런 이유로 마음에 찌꺼기가 남는다. 말로도, 글로도, 어떤 행위로도 다 풀어내지 못한 침전물이다. 한때는 찬란했던 온갖 느낌들이 시간이 지나면서 퇴색한다. 말랑말랑했던 감정들도 딱딱하게 굳는다. 미처 세상으로 나가지 못한 그것들은 오래된 물감처럼 마음 갈피에 고여 찐득하고 뻑뻑해진다. 이때가 되면 마음은 마치 말라버린 붓 같아진다.

중국의 왕희지는 서성書聖이라 불릴 만큼 탁월한 서예가이다. 서예는 문장의 내용뿐만이 아니라 철학과 미학을 서체에 담아 표현한다. 글과 글씨, 내용과 형식, 주체와 객체의 혼연일체를 넘어 새로운 경지를 열고자 하는 예술이다. 해서, 행서, 초서의 체를 완성하였고 예서조차 통달했다고 하니 그의 손끝에서 닳아버린 붓이 얼마나 많았을지 가늠이 안 된다. 그에게 붓은 세상을 담아내고, 또한 세상을 뛰어넘고자 하는 자기 자신에 다름없지 않았을까 싶다.

어린 왕희지가 붓글씨를 수련했던 사오싱 서성고리에는 작은 연못이 있다. 그곳에서 왕희지는 붓과 벼루를 씻었다고 전해진다. 아마도 그는 한 작품을 쓰고 나면 연못으로 달려가 모필에 배인 찌꺼기들을 깨끗이 털어내었으리라. 청정한 붓으로 돌아가기 위한 이 통과의례를 거치고서야 다시 붓을 잡을 수 있었으리라. 왕희지의 수많은 붓을 씻어준 연못은 까맣게 변했는데, 후세 사람들은 이를 일컬어 '묵지墨池'라 불렀다.

 내 그림자가 산책로를 가로지르며 물가에 어른거린다. 마음 자락을 흐르는 물에 넣고 흔든다. 올올이 풀려 씻기는 기분이다. 새뜻한 물 냄새도 맡아진다. 다시 유연해지고 결이 가지런해진다. 발걸음 따라 조금씩 마음이 맑아진다. 이런 날, 회야천은 내게 흐르는 묵지가 되어준다.

그대 인생에 '치얼스'

시원한 맥주 한 잔이 간절한 저녁이다. 가만히 있어도 목덜미에 땀이 찐득하게 배어 나온다. 그렇다고 한낮에 서너 시간 틀었던 에어컨을 다시 켤 수는 없다. 작년에 전기세 폭탄 고지서를 받아 들고 얼마나 놀랐던가. 반 백수인 남편과 돈도 안 되는 글을 긁적이는 나, 단둘이 사는 형편에는 과용이지 싶다. 연일 30도를 웃도는 무더위에도 이런 계산을 하는 내가 한심스럽다.

남은 찌개를 데우며 선풍기를 주방 쪽으로 돌려 튼다. 작은 냄비에서 나는 열기가 후끈하다. 괜히 울화가 치민다. 작은 일에도 화락 달아오르는 내가 마치 저 작은 냄비 같다. 그래도 어쩌겠는가. 남편은 출출한지 주방을 기웃거린다. 있는 대로 반찬을 차려 늦은 저녁을 먹는다.

언젠가부터 식곤증이 심해졌다. 자꾸 눕고 싶다. 운동을 싫어하는 데다 나이가 들다 보니 신진대사가 느려졌기 때문일 것이다. 식후 십 분, 선택의 기로에 선다. 반쯤 누운 자세로 비비고 있던 소파에서 일어선다. 주섬주섬 옷을 갈아입고 운동화를 꿰어 신는다. 시계는 8시 10분 전을 가리키고 있다.

이 시간에도 하늘은 밝다. 어둠이 물든 회색 구름 사이로 하늘이 파랗다. 하천을 따라 대승 2차 아파트 쪽으로 여자들이 힘차게 걸어간다. 더러는 에어로빅 운동복 차림이다. 칠 부 길이 바지에 펄렁이는 블라우스를 입고 나도 열심히 따라간다. 징검다리를 건너자 아파트 뒤쪽 야외 농구장을 밝히는 조명 타워 불빛이 보인다. 신나는 음악 소리도 들려온다. 이미 운동이 시작되었나 보다.

양산시는 한여름이 되면 오후 8시에서 9시 사이에 야외 에어로빅 체조 교실을 연다. 강사는 연단 위에서 추임새를 넣으며 율동을 이끌고 있다. 탄탄한 근육이 돋보이는 멋진 여자 강사다. 빠른 박자에 맞춘 발놀림이 경쾌하다. 체조에 가까운 안무지만 격렬한 몸놀림이 계속된다. 구령 사이로 거친 숨이 뿜어져 나온다. 백 명 가까운 사람들이 모여 한 시간 정도 운동을 한다. 어설프게 따라 하는 사이 등이 땀으로 흠뻑 젖는다. 이열치열, 열기의 도가니다.

이제 내가 기다리던 음악의 전주가 흘러나온다. 심장이 더 빠르게 뛴다. 주먹을 쥔 두 손을 눈앞까지 올린다. 권투 선수의 가드 자세다. 양쪽 발로 균형을 옮겨가며 음악을 탄다. 그리고 마침내 한 쪽 주먹을 쭉 뻗는다. "으악" 모두의 입에서 기합 소리가 터진다. 라이트 스트레이트와 레프트 훅을 번갈아 날린다. 좌우 스텝을 바꿔가며 빠르게 잽을 넣는다. 여자들 얼굴에 함박웃음이 번진다. 운동장 위로 호기가 치솟는다.

아이러니하게도 음악은 '티얼스'이다. 소찬휘는 애간장을 끌어내는 듯한 소리로 이별을 노래한다. 갈수록 고음은 높아지고, 여자들의 주먹도 힘차진다. 그 주먹에 가슴 속 응어리가 박살 난다. 고여있던 눈물이 날아간다. 질긴 인연 끝에 남았던 미련도 흩어진다. 음악이 끝나면 여자들은 마치 케이오 승이라도 거둔 듯이 환호한다.

언제 내가 주먹을 그러쥐어 본 적이 있었던가. 이렇게 휘둘러 본 적이 있었던가. 흐르는 눈물을 훔치기만 하던 손이 아니었던가. 그저 쓰다듬으며 다독거리기만 했던 손이 아니었던가. 상대에게 펀치를 날리며 잔인한 여자라 욕하지는 말라고 일갈하는 장면을 상상하는 것만으로도 속이 시원해진다. 이렇게 여자들은 승리자가 되어 운동장을 떠난다.

회야천을 거슬러 가며 분분히 흩어지는 그녀들의 등 뒤로 땀 냄새가 가라앉는다. 밤이 깊어지고 아파트 불빛이 물결에 아른거린다. 어서 돌아가 이 축제가 끝나기 전에 맥주 한 잔 해야겠다.

"그대 인생에 치얼스!"

이곳에 네가 있다

흔히들 인간을 '지구의 여행자'라 한다. 한 생명으로 살아가면서 시간과 공간을 관통한다는 점에서 맞는 말이다. 요즘은 여행 작가나 유튜버가 많다. 그들이 찍은 사진을 보고 있으면 지구가 참 아름답다는 생각이 든다. 같은 장소라도 시각에 따라 다르게도 보인다. 그런 걸 풍경에 대한 나름의 해석이라 하는지 모르겠다.

아무리 신기한 풍경이라도 그 속에 사람이 없으면 왠지 허전하다. 어릴 적 김찬삼이라는 여행가가 있었다. 교통이나 통신이 발달하지 못한 시절이었다. 탐험에 가까운 그의 여행기는 조선일보에 연재되었다. 그때만 해도 희귀한 컬러 사진과 함께. 그의 사진 속에는 항상 낯선 곳에서 살아가는 낯선 사람들이 있었다. 그들로 인해 멀고 먼 그곳이 마치 우리 동네처럼 느껴졌다. 같은 풍경이라도 사람이 있으면 마음이 더 끌린다.

몇 번의 해외여행을 했다. 한 번은 아이들을 캐나다에서 공부시키는 친구의 집을 방문했다. 곧 막내가 대학을 졸업하니 한국으로 돌아가기 전 왔다 가라는 권유였다. 친구는 로키산맥이니 빅토리아섬이니 여러 명소를 안내했다. 그중 가장 기억에 남은 건 어느 날의 한적한 동네 산책이었다.

저녁을 먹고 가벼운 차림으로 나섰다. 집들은 울타리가 없거나 낮았다. 정성 들여 가꾼 앞마당을 구경했다. 나름 개성이 있었다. 저 멀리 산그늘도 없이 노을이 졌다. 돌아올 때는 창문마다 불빛이 켜졌다. 커튼을 닫으려 창문가로 다가온 한 할머니가 우리에게 손을 흔들었다. 비록 외국이었지만 가슴 깊이 그들의 삶이 스며드는 것 같았다. 낯선 공간이 색다른 의미로 다가왔다.

이제 해가 산등성이 너머로 넘어가는 시간이다. 여름 막바지인데도 태양은 강렬하다. 산책로에 그늘이 들기 전에는 나설 엄두도 못 낸다. 우리 집에서 무인카페까지의 회야천은 서쪽이 열려있다. 여름 한 철 동안은 산그늘이 질 때까지 기다려야 한다.

반찬 몇 통을 챙겨 하천가로 내려선다. 다행히 산책로가 그늘진다. 도시락을 들고 가듯이 달그락거리며 걷는다. 징검다리를 건너 모퉁이를 돌아서면 큰 다리가 보인다. 퇴근을 하는지 다리 위로 차들이 줄지어 들어온다. 그 다리 끝, 회야천을 마주 보고 선 아파트 단지가 있다. 대승 2차 아파트다.

그곳에 내 동생이 산다. 언젠가부터 회야천을 따라 몇몇 아파트들이 들어섰다. 마치 세월의 강에 쓸려와 이루어진

삼각지에 튼 인간의 둥지 같다. 그곳에 동생이 한 15년 전에, 내가 한 10년 전에 찾아들었다. 동생과 나는 가난한 집 딸들로 태어나 이 하천처럼 구불구불 살아왔다. 때로는 바짝 말라 목이 타고, 때로는 닥쳐오는 시류에 휩쓸려 허우적거리기도 했다. 지금은 자매가 물새들처럼 한 하천에 깃들어 살고 있다.

간호조무사인 동생은 근무 시간이 들쭉날쭉하다. 전화를 건다. 받지 않으면 문고리에 그냥 걸어둘 요량이다. 마침 동생은 집에 있다. 집 앞 징검다리를 건너 마중을 나오겠다 한다. 갑자기 다리 조명이 켜진다.

다리 아래에서 동생이 손을 흔든다. 후덥지근한 날씨에 축 처져있던 풍경이 살짝 탄력을 얻는다. 단지 다리 아래일 뿐인데, 며칠 만에 동생을 만난 장소가 된다. 무심히 흐르는 물일 뿐인데 이 시간을 기억하게 하는 소리가 된다. 사람으로 인해 공간이 살아 숨 쉰다.

동생이 감자가 든 봉지를 내민다. 서로 아무 일 없이 지내고 있음을 확인하고 발걸음을 돌린다. 두어 번 돌아보며 손을 흔든다. 그대로 그 자리에 서 있는 동생 머리 위로 다리 조명이 노랑에서 녹색으로 바뀐다. 마치 액자에 든 한 장 사진 같다.

# 효도라디오

노랫소리가 점점 가까워진다. 해 질 녘, 회야 천 산책로에서 시원한 바람을 타고 귓전에 닿는 노래는 '타향살이'다. 저만치 회색 점퍼를 입고 흰 모자를 쓴 노인이 다가온다. 그는 노래에 심취한 듯 앞만 보며 걷는다. 박자를 타는지 약간 몸을 흔들며 지나치는 등 뒤로 나훈아의 구성진 목소리가 꺾어진다.

그의 허리춤에는 작은 무전기 같은 라디오가 매달려 있다. 일종의 mp3로 수백 곡에 이르는 트로트 가요가 수록되어 있다. 한번 틀면 무한대로 노래가 나온다. 좋아하는 노래를 일일이 찾아 듣기 어려운 어르신들을 위한 맞춤 라디오다. 자주 찾아오지 못하는 바쁜 자식들의 효도를 대신한다고 하여 효도라디오로 불린다. 멀어지는 노인을 따라 애달픈 곡조가 사라진다.

외할아버지는 막대기로 평상 모서리를 치며 '타향살이'를 불렀다. 할아버지 무릎을 베고 누운 내 눈 위로 밤하늘 별들이 쏟아졌다. 그 광활하고 아득한 세계를 바라보며 할아버지의 노래를 따라 흥얼거리다 보면 한순간 가슴에 뻥 구멍이 생기는 것 같았다. 그곳으로 싸한 바람이 불었는데, 영문도 모른 채 어린 나는 슬픈 감정에 휩싸이곤 했다.

한국전쟁이 발발하자 할아버지는 일가족을 데리고 남하했다. 너도나도 살아남기 위해 각축을 벌이는 세상에서 빈손으로 어린 네 딸을 먹이고 공부시키는 일이 어디 그리 만만했으랴. 대구의 한 시장에서 찐빵과 만두 장사를 하는 할아버지에게는 낮과 밤이 따로 없었다. 밤에는 만들고 낮에는 팔았다. 서러운 타향살이의 세월이 십여 년 흘렀다. 양손 지문이 닳아 없어질 무렵 할아버지는 서울 영등포에 아담한 집을 마련해 상경했다.

서울에서 할아버지가 제일 먼저 한 일은 청계천을 뒤져 성능 좋은 라디오를 사는 것이었다. 네 개의 긴 다리를 가진 작은 장 속 라디오를 할아버지는 귀중품 다루듯 했다. 할머니도 손대지 못하게 했다. 할머니가 부엌에서 한창 저녁상을 차릴 무렵이 되면 할아버지는 어김없이 라디오에 다가앉아 귀를 바짝 갖다 댔다. 지지직거리는 소음 사이로 내용을 알아들을 수 없는 목소리가 흘러나왔다. 할아버지의 얼굴에 반짝 기쁨이 떴다가 사라지는 것을 보았다.

어느 날, 할아버지와 할머니가 외출하신 틈을 타 장 문을 열었다. 몇 개의 버튼과 붉은 눈금 사이를 오가는 작은 바늘이 보였다. 그중 제일 큰 버튼을 오른쪽으로 돌렸다. 바늘이 좌우로 흔들리자 가슴이 콩닥콩닥 뛰었다. 굵은 남자 목소리가 불쑥 들렸을 때는 화들짝 놀라 볼륨을 줄였다. 연이어 억센 억양으로 연설을 하는 듯 말하는 여자 목소리도 들렸다. 나는 이 방송이 금지된 북한방송이라는 것을 곧 알아챘다. 가슴이 거칠게 뛰었다. 얼른 라디오를 껐다.

할아버지에게는 이북에 두고 온 부모님과 형제들이 있었다. 생사조차 모르고 사는 그 심정을 어찌 헤아리겠는가. 저녁마다 라디오에 귀 기울이며 속울음도 많이 삼키셨지 싶다. 끝내 통일을 보지 못하고 한 많은 타향살이를 끝내신 지 사십여 년이 다 되어간다.

이곳 웅상 지역은 울산과 부산 사이에 형성된 소도시다. 행정상으로는 양산시에 속해 있지만 천성산이 가로놓여 있어 양산시로서의 정체성이 약한 지역이다. 본 주민보다는 이런저런 이유로 양쪽 도시에서 유입된 인구의 비중이 높다. 주위에 작은 공단들이 있어 직장을 찾아온 젊은이들도 많고, 은퇴하고 조용한 곳으로 옮겨 온 노년층도 있다. 요즘 들어 부쩍 외국인 노동자들도 눈에 많이 띈다. 따져보면 모두 타향살이 중인 셈이다.

나직이 '타향살이'를 부른다. 노래 부르는 내 머리를 쓰다듬어 주시던 할아버지의 손길이 그립다. 이승이 고향이라면 할아버지는 저승에서 또 다른 타향살이를 하고 계신 건 아닐까. 하지만 누가 말했던가. 정이 들면 타향도 고향이라고. 이런 내 심사를 아는지 모르는지 회야천은 무심히 흐르는데, 뒤에서 서서히 효도라디오 소리가 다시 들려온다. 이번에는 '고향 무정'이다.

하천이 되어 흐른다는 것은

애초 한 방울의 물이었을 것이다. 방울이라고 부르기도 민망할 만큼 작았다. 수증기로, 구름으로 떠돌 때는 누구도 물이라고 부르지 않았다. 비로, 눈으로 내릴 때는 물이라는 정체성에 조금 가까워졌지만 한시적이었다. 해가 나고 며칠 지나면 종적이 없어지곤 했다. 그저 흙 속 깊이 미세한 습한 기운으로 남았다.

끼리끼리는 자연의 습성이다. 습기가 모여 땅이 물러졌다. 지반이 약해진 틈을 타 물 한 방울이 지상으로 조용히 솟았다. 마치 고전 문학에 등장하는 맑디맑은 소녀의 눈망울 같았다. 그 순수는 또 다른 순수를 부르며 실낱같은 물줄기를 이루었다. 작은 돌멩이 사이로, 불거진 소나무 뿌리 사이로 소리 없이 흘렀다.

졸졸 소리가 나면서부터 자신이 어디론가 흐른다는 것을 알았을 것이다. 경사가 조금씩 커지면서 스스로 방향을 정할 수 없다는 것도 느꼈을 것이다. 하지만 성장하는 것들은 희망이라는 먼 미래를 품어야만 견딜 수 있다. 작은 계곡을 거쳐 들판을 흐르는 시냇물이 되면서 한층 자신감이 생겼다. 언젠가 머리 위를 지나는 구름이 한 말을 되뇌며 힘을 냈다. 흘러가는 저 끝에 푸르고 아름다운 거대한 바다가 있다는.

갑자기 시야가 트이면서 하천에 이르렀다. 주위 풍경도 완연히 달라졌다. 이제는 산이나 들판이 아닌 동네를 지나게 되었다. 곳곳에서 우수 관로와 연결되었다. 하수는 아니지만 우수도 사람 냄새를 실어 왔다. 달콤하면서도 씁쓸한 기묘한 냄새였다. 조금씩 물때가 끼었다.

하루 종일 장대비가 내리는 날이었다. 한 우수 관로에서 역한 냄새를 풍기는 푸른 물이 들이닥쳤다. 평소의 유속으로는 감당할 수 없었다. 푸른 물은 순식간에 하얀 거품으로 하천을 덮었다. 숨이 막혔다. 우산을 쓰고 지나가던 누군가가 어디론가 전화를 걸었다. 신고를 하는 모양이었지만 그날 밤까지 푸른 물은 멈추지 않았다. 대책 없이 퍼렇게 멍이 들었다.

갈수록 날씨는 예측할 수 없어졌다. 태양은 뜨겁기만 하고 대기는 바짝 메말랐다. 하천은 늙은 엄마의 젖가슴처럼 말라붙었다. 그저 몇몇 웅덩이에 고인 더러운 물을 마시면서 연명했다. 웅덩이 옆에서 녹조에 덮인 진흙 구덩이가 썩고 있었다. 악취가 진동했다. 자존감이 바닥을 쳤다. 정말 더 이상 견딜 수 없다고 생각했다. 감고 있던 눈을 겨우 떴는데 저만치 먹구름이 몰려왔다.

비는 폭우로 변했다. 걷잡을 수 없이 수위가 올라갔다. 흙탕물이 포효하며 가슴을 쳤다. 끌어안고 있던 모든 것이 떠내려갔다. 가슴 한 자락에서 자라던 풀꽃들이 무참히 쓸려갔다. 오리와 물고기들은 각자 살길을 찾아 흩어지고 숨어들었다. 익사할 것만 같은 날들이 속절없이 흘렀다.

정말 하천이 강이 되고 바다에 이를 수 있을까. 이 여정은 왜 이리 길까. 강이라는 그리움은 너무나 멀고, 바다라는 충만은 신기루 같기만 하다. 내 옆을 스치며 걷는 산책객들은 저마다 행복해 보인다. 그도 그럴 것이 그들은 날씨가 좋은 날에만 나를 지나치기 때문이다. 오늘은 바람이 선선하고 햇살도 적당하다. 며칠 몸살을 앓으며 탁류를 흘려보내고 나니 나도 맑아졌다. 그래, 이럴 때도 있어야지 싶다.

한 할아버지가 어린 손녀를 안고 와 물이 얕은 곳에 내려놓는다. 할아버지의 손을 잡은 아이가 한쪽 발로 물장구를 친다. 내 속이 간지러워진다. 징검다리에서 바라보던 아이의 할머니가 하천으로 들어선다. 하천에 대해 글을 쓴다는 여자다. 여자가 활짝 웃는다.

여자는 알려나 모르겠다. 하천이 되어 흐른다는 것은 견디는 거라는 걸. 얕은 숨으로 강에 이를 때까지 인내하는 거라는 걸. 여자가 아이를 향해 흔드는 손그림자가 내 안으로 여울진다. 나는 작은 물결로 화답하고 또다시 흘러간다.

# 때죽나무를 긁으며

가렵다. 왼손을 뒤로 올려 오른쪽 어깻죽지를 긁는다. 시원하다. 근데 다시 조금 아래쪽이 가렵기 시작한다. 오른손으로 왼팔 팔꿈치를 당겨 벅벅 긁는다. 작열감이 확 끼친다. 손톱 끝을 따라가며 아릿한 통증이 얇은 피부를 파고든다.

출판사에 보낼 몇 줄 연보를 쓰는 참이다. 출생부터 지금까지 되도록 자세한 삶의 이력을 써달란다. 아무리 생각해도 내세울 것은커녕 덮어뒀던 상처만 가시랭이처럼 일어난다. 몇 자 쓰고 나니 온몸이 가렵다.

아버지와 어머니의 이름자를 들여다본다. 행간 아래로 깊이를 알 수 없는 고랑이 보인다. 시간 순서대로 학력을 적는다. 절단이다. 초등학교 시절마저도 잦은 전학으로 토막이 났다. 인생에서 가장 성장해야 할 청소년기에 두 번이나 뚝 부러졌다. 더욱 깊어진 행간에서 신음 삼키는 소리가 들린다.

끝까지 쓸 수나 있을까. 안 되겠다 싶어 자리를 떨치고 산책에 나선다. 겨울 하천에는 벌거벗은 나무가 늘어서 있다. 아름드리 때죽나무에 다가간다. 지난여름 꽃을 떨어뜨려 길에 흰 비단을 깐 나무다.

꽃도 잎도 통점을 통해 세상에 나온다. 둥치를 뚫고 가지가 나고, 가지를 찢고 잎과 꽃을 피운다. 지금은 그 수많은 통점을 몸속 깊이 감추고 침묵에 들어있다.

 나무를 쓰다듬는다. 꺼칠꺼칠한 표피 밑에서 가려움이 느껴진다. 두터운 표피 한 조각을 뜯어낸다. 가시랭이를 들춰가며 몇 조각 더 뜯는다. 하얀 속살을 살살 긁는다. 내친김에 가지와 가지 사이를 손바닥으로 문지른다. 손바닥에 진득한 수액이 묻는다. 때죽나무가 웃었을지, 울었을지 알 수 없다.

 나는 어려서부터 곧잘 넘어졌다. 걸으면서 딴생각을 많이 한데다 발이 유독 작은 탓이다. 무릎이 깨지고 피가 났다. 빨간 약을 바르고 며칠 절룩거리면 커다란 피딱지가 앉았다. 손톱으로 상처 주위를 살살 긁었다. 굳은 피딱지도 가장자리부터 조금씩 떼어냈다. 달라붙는 피부 사이를 벌려 마지막 조각을 떼어냈을 때의 쾌감은 이루 말할 수 없었다. 그리고 마침내 시원하게 긁을 수 있을 때의 기분이란.

 문득 때죽나무 표피 아래 수액이 흐르는 소리가 들린다. 내가 긁어준 것에 대한 화답인가. 지난봄의 통증을 잊고 다시 싹을 틔울 결심을 한 모양이다. 통점이 멍울처럼 부풀어 오르고 말간 낯빛을 한 새싹이 나오기를 염원한다. 온몸에 가득한 상처의 흔적에서 가려움이 스멀스멀 올라온다. 이제 곧 화끈한 작열감과 함께 새로운 여정이 시작되리라.

올려다보면 마치 밤하늘의 별이 쏟아진 듯했던 흰 꽃들을 떠올린다. 지난 상처가 아물기를 기다리고, 가려움을 참아내는 인내가 없다면 새싹은 없다. 다시 제 살을 찢는 용기가 없다면 꽃도 없다. 귀를 기울여 때죽나무의 강인하고 아름다운 서사를 듣는다. 그리고 연보의 마지막 문장을 생각한다.

"상처가 곧 꽃이다."

# 하천계

힌두교에는 신이 많다. 브라흐마는 우주를 창조한 신이다. 비슈누는 창조된 세계를 유지하고, 시바는 파괴를 주관한다. 세계는 이미 창조되었으므로 브라흐마는 공기가 되어 사라졌다고 여긴다. 남은 세상은 비슈누와 시바에게 달려있다. 그 두 신은 우주는 물론 인간 세상에도 관여한다. 근원적으로는 창조와 파괴, 개별적으로는 탄생과 죽음, 두 본질적 현상 사이에서 일어나는 모든 일은 그들의 숨결이다.

물론 나는 힌두교 신자가 아니다. 그러나 비슈누가 위기에 처한 세상을 돕기 위해 보내는 자신의 화신을 살펴보면 마음이 묘해진다. 이를 '아바타라'라 이르는데 물고기, 거북이, 라마, 난쟁이, 크리슈나, 부처 등이 있다. 한 마디로 자연과 인간을 아우른다. 이런 사상의 저변에서 자연과 인간이 서로를 구원한다는 의미를 엿본다. 옛날 우리네 할머니가 서낭당 나무에, 돌 더미에, 정화수 한 사발에 깃든 신에게 빌었던 마음이 아닐지 생각한다.

어느 계절이든 자연은 그 본연의 모습을 보여준다. 하지만 초여름이야말로 팽창하는 만물이 찬연한 햇살 아래 자신을 마음껏 드러내는 계절이다. 공기 중에 온갖 향기가 떠돌고, 그림자가 짙어진다. 부풀어 오른 세상 갈피마다 '아바타라'의 숨길이 흐른다. 바야흐로 성하盛夏의 계절이다.

이런 날에 아파트 사각의 틀 속에 머물 수만은 없다. 하천으로 내려선다. 자연의 땅 냄새 같은 풀 내음이 확 끼친다. 한창 힘이 오른 풀은 갈기를 한껏 세우고 태양과 대적하고 있다. 햇살과 풀잎은 마치 진검승부라도 하듯 날카롭게 맞선다. 그 열기를 무심히 흐르는 물살이 식혀준다. 한쪽 축대 옆에 줄 장미가 피었다. 나는 붉은 장미 꽃잎 속을 유심히 살펴본다. 문득 어릴 적 읽었던 크리슈나의 일화가 생각난다.

어린 크리슈나가 입술을 오물거리자 그의 어머니가 말했다. "무얼 그리 먹고 있니? 입을 벌려 보아라." 머뭇거리는 크리슈나를 어머니가 재촉했다. 열린 그의 입안에서는 작은 우주가 돌아가고 있었다. 우주는 모든 것의 근원으로 인간에게 인식되고 있다. 가르기를 좋아하는 인간은 그 우주에서 은하계와 태양계를 변별해 냈다. 가르면 계界가 생긴다.

천상계, 인간계, 문학계, 영화계, 음, 또 색계가 있다. 색色이 곧 사랑이라는 뒤늦은 깨우침을 주었던 영화다. 하여 나는 요즘 하천계를 탐닉하러 다닌다. 하천이야말로 다양한 색이 피어오르는 핫플레이스다. 어쩌면 은하계의 가느다란 한 줄기가 흘러들어 회야천이 되었을지도 모르겠다. 하천계에 지천으로 들꽃이 피었다. 오물거리는 크리슈나의 입술 같은 꽃봉오리들이 연신 입을 열고 있다. 그들의 우주가 내

눈앞으로 다가온다. 마음껏 감상한다.

그러나 이 환희가 그리 오래가지 못할 수도 있다. 머지않아 시바의 질투가 시작되기 때문이다. 자연이 부단히 변화를 원한다는 점에서 보면 그녀의 질투는 순수하다. 순환 없이 영원히 지속되는 세계는 없다. 언젠가 바람이 마음을 바꾸고 시바는 부채질을 해댈 것이다. 꽃은 입을 다물고 꽃잎은 분분히 흩어지리다.

빅뱅을 생각해 보면 본디 우주의 원동력이 폭발과 충돌에서 왔다는 것은 인지의 사실이다. 아이러니하지 않은가. 지구의 궤도와 중력을 유지하는 힘이 파괴에서 왔다는 것이. 방향을 바꿔 충돌하며 솟아오르는 에너지, 우주가 좋아하는 현상이다. 이를 완전히 받아들임으로써 하천계는 또 다른 세계를 향한 추동력을 얻는다. 시비가 충실히 임무를 수행했다는 방증이다.

온갖 생명을 품고 시간을 관통하며 흐르는 하천에는 우주가 스며있다. 피고 지고, 나고 소멸하는 완벽한 하천계다. 하천에는 서로를 구원하는 뭇 신들이 살고 있다. 한 아이가 엄마의 손을 잡고 지나친다. 깡총거리던 아이가 무슨 말 때문인지 까르르 웃는다. 그녀의 우주가 하천계로 와르르 쏟아진다.

# 안개가 스미는 시간

날이 흐리다. 이슬비도 오락가락한다. 바람조차 불지 않아 하늘은 축축하게 젖어있다. 우산 하나를 챙긴다. 겉옷을 걸치고 스카프도 두른다. 잿빛 구름에서 우러난 듯 창밖 풍경은 채도가 낮다. 마음이 가라앉는다.

징검다리를 건너자 하천은 안개 속에 길게 누워있다. 마치 서기를 두르고 승천하려는 이무기 같기도 하다. 꼬리 쪽은 저만치 모롱이 뒤로 감추고 있다. 바닥이 얕아 늘 거뭇하게 보이는 하천이 몸피를 불린다. 회야천이 꿈틀거리며 하얀 휘장 속으로 빨려 들어간다.

모퉁이를 돌아서자 안개가 더욱 짙어진다. 분명 저쪽에 천성산이 있을 터인데 보이지 않는다. 건너편 아파트 단지도 형체가 없다. 안개가 감쪽같이 삼켜 버렸다. 하천 맞은편조차 흐릿하다. 원래 있던 것들이 다 모습을 감췄다.

이슬비가 다시 내린다. 앞머리에 자잘한 물 입자가 살포시 내려앉는다. 우산을 펼친다. 머리 위 공기가 출렁하더니 고요해진다. 발걸음 소리도, 멀지 않은 차도에서 나는 소음도 들리지 않는다. 물소리마저도 안개에 잠긴다. 적요하다. 마치 세상이 사라진 느낌이다.

문득 내 호흡 소리가 귓전에 들려온다. 앞을 보아도, 뒤를 보아도 길은 안개 속에 끊어져 있다. 사람도, 새 한 마리도 없다. 고요한 길 위에 나 혼자만 남겨진 듯하다. 주변을 지우면서 안개가 나를 조각해 내는 것 같다. 그 존재의 오롯함에 잠시 소름이 돋는다.

안개는 습한 공기가 차가운 것에 닿아 이슬점 아래로 온도가 내려가면 생긴다고 한다. 습기가 빠르게 기화하지 못하고 작은 물방울을 이루며 떠 있는 현상이다. 구름이 지표면 가까이에서 생긴 셈이다. 대부분은 햇살이 강해지면 사라진다. 하지만 바람이 없고 해도 나지 않는 오늘 같은 날에는 좀처럼 흩어지지 않고 회야천 골짜기를 메우고 있다.

그럴 때가 있었다. 세상을 향한 나의 입김은 곧잘 차가운 표면에 닿아 뿌옇게 흐려졌다. 어색한 몸짓들도 체온을 나누지 못하고 허연 김을 피워 올렸다. 세상과 나 사이에 점점 안개가 들이찼다. 세상의 온도를 따라가지 못한 내 세월의 강에는 언제나 안개가 떠돌았다. 길을 잃고 고립되면 안개가 그려내는 아득한 수묵화 속의 한 점이 되고는 했다.

누군가는 나에게 용기가 없다고 했고, 또 누군가는 실천이 부족하다고 했다. 나 스스로는 이 끝없는 망설임을 나태하다고 자책했다. 안개는 습관처럼 반복적인 무기력으로 내 삶에 스며들었다. 어디로 가야 할지 몰라 마음의 지도를 들여다보았다. 그럴 때마다 길은 안개에 젖어 모호하게 번져 있었다.

안개는 보내지도 잡지도 못하는 시간 사이에 고이는 옅은 불안이다. 나아가지도 물러서지도 못하는 마음의 틈새에서 피어나는 희끗한 허무다. 우유부단하게 미적미적 살아가는 소심한 내 삶의 채취 같기도 하다. 손을 뻗는다. 손가락 사이로 안개가 흐른다.

이러지도 저러지도 못하며 떠도는 안개를 부디 나약하다고 말하지 말자. 별리를 받아들이기에 너무 연한 가슴이다. 경계를 긋기에는 끝없이 떨리는 심장이다. 잠시 안개 속에서 그대의 냄새를 맡으며 머물고 싶다. 희미한 그대의 형태를 온몸으로 느끼며 유예하고 싶다. 어차피 구름이 걷히고 햇살이 퍼지면 나는 나의 모습으로, 너는 너의 모습으로 마주 설게 아닌가.

발밑만 보고 걷는 걸음 사이로 안개가 흩어진다. 선득한 바람이 불고 하늘이 조금 밝아진다. 하천가 갈대가 푸른 잎을 드러낸다. 눈앞에 불쑥 나무 벤치가 나타난다. 안개에 흠뻑 젖은 채 그 앞을 지나친다. 발끝에 조금씩 힘이 실린다. 이제 곧 집으로 돌아가는 길이 점점 뚜렷해지리라.

# 물새 우는 언덕

아버지의 유품은 간단했다. 평생 빈손으로 살아온 인생이었다. 지성적이고 인격적이었지만 급변하는 세태에 적응하지 못했다. 물론 이 생각은 딸로서 아버지를 보아온 결론에 불과하다. 인간은 다면체다. 인연에 따라 각각 다른 면을 본다. 한 인간에 대한 정의는 신이 아니고서는 불가능하다.

장례식을 마치고 여동생이 작고 검은 수첩 하나를 내밀었다. 친인척과 지인의 전화번호가 빼곡했다. 볼펜으로 눌러쓴 글씨에서 알 수 없는 외로움이 묻어났다. 만 원짜리 한 장이 파리한 낯을 하고 있었다. 오래된 복권이 접혀 있었다. 살며시 펴보니 다시는 돌이킬 수 없는 굵은 금이 이미 한 인생을 가로지르고 있었다.

그리고 마지막으로 하얀 종이쪽지가 나왔다. 근래에 쓴 것인지 글씨가 삐뚤빼뚤했다. 몸이 안 좋아지신 후에 쓰신 게 틀림없었다. 필체만큼은 걸출하신 아버지였다. 보아하니 노래방에서 부르실 노래 제목을 적어놓은 것이었다. 말년에 귀의한 성당 친구분들과 가끔 가시는 것 같았다. 아버지 노래를 한 번도 들은 적이 없었으므로 이 메모가 낯설었다. 받침이 흐르는 글씨들은 노랫가락에 몸을 맡긴 듯 보였다.

'물새 우는 언덕'은 그 중 맨 위에 적혀 있었다. "물새 우는 고요한 강 언덕에~~" 하는 첫 소절이 떠올랐다. 누구의 노래인지는 생각나지 않았다. 라디오나 텔레비전에서 자주 들은 노래는 아니었다. "그대와 둘이서 부르는 사랑 노래"라는 두 번째 소절을 흥얼거렸다. 내가 어떻게 이 노래의 앞부분을 알고 있는지 알 수 없었다.

장례식 때 흐드러졌던 벚꽃이 지고 있었다. 허전한 마음을 떨치기 어려웠다. 그럴 때마다 하천가를 걸었다. 떨어져 흙색을 닮아가는 목련 꽃잎을 보니 마음이 아려왔다. 바람에 쓸려가는 마른 벚꽃잎도 눈가를 시리게 했다. 그리고 지렁이 사체에 달라붙은 개미 떼를 보고는 눈물을 떨구었다.

그러나 여름으로 가는 하천에는 생명력이 넘쳤다. 수풀은 무성해지고 갖가지 꽃이 피었다. 온갖 새가 날아들고 윤슬은 더 찬란해졌다. 산책객의 옷차림과 발걸음이 가벼워졌다. 짙어진 그늘에 등나무 꽃이 흔들리며 향기를 뿜었다.

오늘은 하천에 오리 떼가 동동 떠다닌다. 그중 수놈은 파란 벼슬에 빨간 볼연지를 바르고 있다. 수놈이 후드득 더 깊은 물살 쪽으로 날아간다. 연이어 암놈과 새끼들이 따라 난다. 오리도 난다고는 알고 있었지만 생각보다 더 높이 멀리 나는 것 같다. 하천 가운데에 갈대가 자란 흙더미가 보인다. 재두루미 한 마리가 근처를 거닌다. 그리고 백로 한 마리가 머리 위를 휘돌더니 징검다리 근처에 내려앉는다. 마치 물새들 같다.

"물새 우는 고요한 강 언덕에~~, 그대와 둘이서 부르는 사랑 노래"

나도 모르게 노래를 흥얼거린다. 그때 귓속 깊은 곳에서 조용히 다음 소절이 들려온다.

"흘러가는 저 강물, 가는 곳이 그 어데뇨"

어머니의 목소리였다. 노래를 좋아하던 어머니는 집안일을 하며 늘 노래를 불렀다. 어깨너머로 '봉선화'나 '바위고개' 같은 가곡을 배웠다. 아니 자주 듣다 보니 알게 되었다는 게 맞겠다. 이 노래도 어머니의 애창곡이었다. 곱고 시원한 목소리로 부르는 노래는 언제나 듣기 좋았다.

구십에 돌아가신 아버지는 어머니를 여의고 삼십 년 세월을 살아오셨다. 나는 까마득히 잊은 노래를 아버지는 잊지 않으려고 종이에 써두었는지도 모르겠다. 깊은 우물같이 마음 바닥에 고인 외로움을 이 노래로 퍼 올리곤 하셨을까. 흐려진 글씨가 눈물을 타고 흘러내린다.

"조각배에 사랑 싣고 행복 찾아가자요"

나는 마치 어머니처럼 노래를 불러본다. 청둥오리 떼는 유유히 노닐고 백로가 다시 날개를 펴고 날아간다. 어디선가 물새의 울음소리가 들리는 듯도 하다.

바람이 등을 떠밀 때

아득히 "윙" 소리가 들려옵니다. 긴 외출 후 선잠에 들었던 저는 소리를 향해 손을 뻗습니다. 전화기는 쉽게 손에 닿지 않습니다. 머리맡을 더듬거립니다. 묘한 한기가 등줄기를 훑고 내려갑니다. 선잠이 얇은 얼음장처럼 깨집니다.

"동서문학상입니다. 이번에 응모하셨죠?"

순간 벌떡 상체를 일으킵니다. 귓전에서 바람 소리가 맴돕니다.

어릴 적부터 작가가 되고 싶었습니다. 마음속에는 늘 상상의 마법사가 있었습니다. 마법사는 이렇게 물었습니다.

"네가 가지고 싶은 것을 줄 테니 나에게 무엇을 줄래?"

피는 줄 수 없었습니다. 한국전쟁 후 급변하는 시대에 적응하지 못하고 풍화되어 가는 아버지와 그 질곡에서 병든 어머니에게 제 피는 모두 쏠려 있었습니다. 땀도 줄 수 없었습니다. 지독했던 가난은 생활이라는 중력의 수레를 끄는 데 그 땀을 요구했습니다. 마법사 앞에서 저는 대답을 찾지 못했습니다.

현실이라는 물속에 잠긴 인어공주처럼 나는 밭은 숨을 쉬며 나이 들어갔습니다. 흰머리가 나고 주름살이 생긴 인어공주를 상상해 보신 적이 있으신가요? 글만이 유일한 위안이 되어 주었습니다. 담요를 뒤집어쓰고 찬바람이 스미는 현관 쪽마루에 앉아 밤새워 읽었습니다. 물에 젖은 손으로 책장을 넘겼습니다. 아이들이 크고 조금 긴 숨을 쉴 수 있게 되었을 때 첫 문장을 썼습니다.

"축하합니다. 대상입니다."

그 말이 믿기지 않습니다. 마치 긴 마법이 끝난 듯, 세상이 달라 보입니다. 두 다리를 얻고 해변으로 밀려온 인어공주처럼 어리둥절합니다. 쏟아지는 햇살 아래 현기증도 납니다. 가슴이 걷잡을 수 없게 뜁니다. 세상이 잠시 기우뚱하다가 제 자리를 잡습니다. 도저히 이대로 있을 수는 없습니다. 운동화를 꿰어 신고 집을 나섭니다.

언젠가 끝없이 밀려오는 파도를 향해 앉아 있는 인어상을 본 적이 있습니다. 그녀는 작은 바위 위에 앉아 있었습니다. 두 다리를 얌전히 포갠 채 말이죠. 설사 왕자의 마음을 얻지 못했더라도 저리 앉아만 있다니, 인어공주답지 않아 보였습니다. 이제 다리가 있으니 어디든 갈 수 있는 거 아닌가요?

아파트 뒷문 계단을 내려와 징검다리를 건넙니다. 얼마 전 재정비한 산책로가 깔끔하네요. 한껏 단풍이 든 나무가 잔잔히 흐르는 하천 물결을 채색합니다. 바람이 불어와 나뭇가지를 흔듭니다. 단풍잎 몇 장 길 위에 떨어집니다. 그 잎을 밟으며 걸음을 옮깁니다. 저만치 산책을 나온 사람들이 더러 보입니다.

걷다 보니 쿵쾅대던 가슴은 서서히 가라앉습니다. 마음이 점점 즐거워집니다. 절로 웃음이 납니다. 어느새 발걸음에 속도가 붙습니다. 다리가 리듬을 타고 미끄러지듯 움직입니다. 귓가를 스치는 바람이 상쾌합니다. 앞서 걷던 사람들을 앞질러 갑니다. 마치 바람이 뒤에서 살짝 제 등을 밀어주는 것 같습니다.

저는 한 번도 달리기에서 꼴찌를 면한 적이 없습니다. 세상살이에서도 늘 뒤처졌지요. 여러 가지 면에서 제 다리는 짧았던 모양입니다. 목소리를 주고 다리를 얻은 인어공주처럼 이제 저는 인생의 긴 경험을 통해 새 다리를 얻은 것 같습니다. 무겁기만 했던 몸이 가볍게 느껴집니다. 그러고 보니 뒤에서 저를 떠밀고 있는 건 바람이 아닌 제 인생인가 봅니다.

하긴 바람이 인생이고, 인생이 바람이 아닐지요. 특별히 기쁜 일이 있을 때나 유독 마음이 무거운 날 하천 변을 걸었지요. 그때마다 무심히 흐르는 회야천은 그저 제 발소리를 묵묵히 들어주었습니다. 간혹 바람을 불러 뒤를 밀어주기도 하면서요. 그렇게 바람 같은 시간이, 세월이 갔습니다.

이제 인어공주도 알았겠지요. 살다 보면 뭍에도 바닷속 조류처럼 바람이 있다는 걸요. 마냥 바다만 바라보지 말고 다시 일어서 걸으면 그 바람이 등을 밀어준다는 걸요.

회야천을 따라 바람이 부드럽게 휘어져 불어옵니다. 오늘은 마치 인어공주가 제 곁에서 함께 걷는 듯합니다. 우리에게 바람이 조용히 속삭여 줍니다.

"이제 너의 다리로, 너만의 길을 가렴."

# 푸른 입술

회야천 정비 사업이 한창이다. 무심코 산책에 나섰는데 공사 안내판이 앞을 막아선다. 내가 사는 아파트 단지와 이어진 다리를 보강 작업 중이다. 교각 주위를 비닐로 막고 도색하는 모양이다. 페인트가 그 아래 풀이나 하천에 튀지 않게 하려는 배려로 보인다. 아무리 살펴도 다른 길은 없다. 하릴없이 돌아선다.

며칠 지나 다시 산책로를 찾는다. 다행히 안내판은 길 한쪽으로 치워졌다. 콘크리트가 그대로 드러났던 다리가 청색이 도는 회색으로 칠해져 있다. 깔끔해 보인다. 상판 아래는 좀 짙은 회색이다. 그리고 교각 위쪽에 푸른색으로 물결무늬를 그려 놓았다. 가만히 바라보니 마치 푸른 입술 같다.

바람이 불고 하천에 물결이 일면 가끔 그 모양이 입 같다고 생각했다. 산골짜기 골골이 깊이 숨었던 사연을 거치며 흘러온 물줄기다. 하천에 이르면 온갖 사람 냄새 가득한 지류와 몸을 합친다. 순리에 따라 아래로 흐르지만 어찌 하고 싶은 말이 없을까. 그 속내를 알고 있는 바람이 부추긴다. 뾰족한 부리 같은 입이 생기고, 출렁거리는 입술이 열린다. 그 말을 알아듣는 이는 없지만, 그래도 하천은 속이 좀 시원해졌을 게다.

입술은 그 사람의 복을 재는 가늠자로 쓰인다. 관상학에서의 이야기다. 얇은 입술을 가진 사람은 대체로 소화 기능이 약하다고 본다. 야망이 크지 않고 자기중심적이기도 하다. 그도 그럴 것이 많이 먹지 않으니 에너지가 약하다. 방어적이 될 수밖에 없다.

반면 도톰한 입술은 식욕이 강하다. 위와 췌장이 튼튼하다. 사람과 사람 사이에 맛있는 먹을거리가 촉매 역할을 많이 한다. 자연이 사교적이고 미래지향적이 된다. 하지만 과도한 의욕이 화를 부르기도 한다.

생존의 기본이며 최초의 욕구는 먹는 것이다. 입술은 그 전방에 있다. 욕망의 표식이라 해도 무리한 표현은 아니다. 하지만 인간의 욕망은 먹는 것에서 끝나지 않는다. 심리학자 매슬로우는 인간의 욕구를 5단계로 설명한다. 생리적 욕구와 안전 욕구는 본능에 기인한다. 사회적 욕구와 존중 욕구는 타인과의 관계에서 발생하는 욕구다. 네 단계를 모두 충족하고 나면 마지막 단계가 남는다. 자아실현 욕구다. 이에 이르면 인간의 욕구가 참 높기도 하다는 생각이 든다.

인간의 욕망은 쌓아가는 것인가, 흘려보내는 것인가 하는 의문을 스스로 던진다. 물결처럼 하나의 욕구가 인다. 그것이 충족되면 더 높은 욕구를 가지게 된다. 그런 점에서는 쌓아가는 것이다. 그러나 하나의 욕구가 해소되고, 또 다른 욕구를 가지지 않는다면 흘려보내는 것이 된다. 인간의 욕망은 이 두 지점 사이에서 일어나는 수위 조절인지도 모르겠다.

 교각 아래로 조잘대며 하천이 흐른다. 그저 우리네 일상 같은 자잘한 욕구를 해소하는 입술들이 햇살을 받아 반짝인다. 비가 오지 않는 이상 수위는 갈수록 낮아진다. 그래도 하천은 스스로 욕망을 불러일으키지 않는다. 자연과 인간의 차이지 않을까 싶다.

 교각 높은 곳에서 푸른 입술이 하천을 내려다본다. 찰랑대며 흐르는 물살을 느끼기에는 너무 높다. 큰 폭우가 와야만 겨우 닿을 수 있는 위치다. 이 지대는 해발이 높은 데다 상류라 평소 물살은 기껏해야 교각의 발목을 넘기지 않는다. 푸른 입술 위로 햇살이 쨍하다.

 어쩌자고 페인트공은 저리 높은 곳에 물결무늬를 그렸을까. 저 푸른 입술은 언제 한번 흠뻑 젖어 볼까. 교각 옆을 지나치는데 참을 수 없는 갈증이 인다. 그저 침을 꼴깍 삼켜본다.

# 바닥을 긁다

낯선 풍경이다. 하천 바닥에 포클레인이 들어앉아 있다. 바닥은 그리 깊지 않다. 게다가 한동안 비가 오지 않아서 골진 부분으로만 물이 흐르는 상태다. 산책을 하지 못한 며칠 동안 한쪽으로 물길을 돌려놓았나 보았다. 훤히 드러난 바닥이 민망했는지 물소리조차 졸졸거린다. 하천으로 내려서자마자 마주한 풍경이라 조금 당혹스럽다.

늘 찰랑거리며 흐르는 하천은 아니다. 얼마 멀지 않은 월평이 가장 높은 지대다 보니 이곳은 최상류에 속한다. 간밤에 비가 왔다 싶으면 수량이 푹 불었다가, 한나절 지나면 수위가 쑥 내려간다. 그럴 때면 월급날을 맞은 가난한 월급쟁이 통장 같다. 그래도 대운산 북쪽 자락에서 품었던 물이 흘러나오는지라 지독한 가뭄을 제외하고는 영 바닥을 드러내지는 않는다.

덕분에 징검돌 사이로 흐르는 물에 손을 담가 물살을 느껴보기도 하고, 잔잔히 흐르는 물에 비친 반짝이는 햇살을 감상하는 재미가 있었다. 물살이 떠밀고 와서 만들어 놓은, 작고 야트막한 흙더미 위에서 유채꽃 씨앗이 싹 트고, 노란 꽃을 피워 지나가는 바람에 손을 흔들기도 했다. 자연스럽게 하천 기슭에 갈대가 우거지고, 겨우 뿌리를 내린 어린 버드나무가 어찌어찌 갈대 덤불을 뚫고 키를 키웠다. 지난 한 해의 익숙한 풍경이었다.

 그런데 포클레인이 그 풍경을 다 긁어냈다. 징검돌 사이는 하얗게 말랐고 작은 물웅덩이는 흙탕물로 가득하다. 유채꽃은 흔적도 없고 마른 갈대와 이제 막 연둣빛이 오르기 시작한 어린 버드나무는 이리저리 꺾인 채 한쪽으로 밀쳐놓은 흙더미에 묻혀있다. 마치 공사장처럼 황량한 풍경이다.

 아마 장마철을 준비하는 작업일 것이다. 여름에 강수량이 집중되어 있는 우리나라다. 게다가 게릴라성 집중호우도 빈번해지고 있다. 해마다 쏟아지는 비를 감당하지 못해 강이 범람하여 피해가 발생한다. 작은 하천이라고 만만히 볼 일은 아니다. 폭우가 내리면 수위가 급격히 불어난다. 하류로 내려갈수록 수압은 엄청나게 높아진다. 가늠할 수 없는 힘이 아래로 물살을 밀어낸다.

 몇 년 전 밤새 폭풍우가 몰아치는 밤이 있었다. 날이 밝아도 빗줄기는 가늘어지지 않았다. 무겁게 출렁이며 하류로 쓸려가던 흙탕물에서 뿌연 물안개조차 일었다. 저 아래 다리 턱밑까지 물살이 높아지자 근처 아파트에 사는 동생이 동영상을 찍어 보냈다. 아슬아슬하게 넘실거리며 다리 밑을 지나는 물살에 두려움을 느꼈다. 만약 하천이 이 압도하는 물살을 견디지 못한다면, 순간 소름이 돋았다.

나는 좀 감정 기복이 있는 편이다. 평소에는 목소리가 그리 높지 않고, 행동도 분방한 성향은 아니다. 개인적인 일에는 대체로 이해하고 문제를 키우지 않으려 한다. 근데 이상하게도 내 마음 어느 부분이 건드려지면 감정의 수위가 급격히 상승한다. 생각이 생각을 키우며 감정은 이성의 방죽을 넘실거리며 위협한다. 잘 수습되기도 하지만 해결해야 할 문제를 남기는 경우도 있다. 후회를 하지만 때는 늦다.

가끔 마음의 바닥을 긁어내어 편편하게 만들어야 한다. 지난 세월에 떠내려와 박혀 있는 무거운 돌, 마음 흐름을 가르며 솟아있는 흙더미, 거센 세파에 휘말려 패인 웅덩이, 마음 기슭에 마구잡이로 자란 온갖 상념들을 긁어내고 준설을 해야 하는 것이다. 예기치 않게 감정의 물살이 밀려들어도 적어도 방죽을 넘지는 않게 말이다. 물살의 흐름을 방해하지 않아야 그나마 범람을 피할 수 있다.

포클레인이 거친 숨소리를 뿜는다. 하천은 내장을 드러낸 물고기처럼 길게 누워서 가르릉거린다. 바닥이 긁히는 소리다. 꽤 힘이 드는 눈치다. 그러나 어쩌겠는가. 곧 큰물이 닥치는 계절이 오고 있다. 멀리서 습기를 품은 바람 한 줄기가 불어온다.

# 저 물결 아래

바람이 분다. 맞바람이다. 여름 길목에서 손바닥을 쫙 편 잎사귀들을 들춰댄다. 건너 산등성이에서 푸른 손이 물결친다. 순간적으로 바람이 거세지면 잎사귀들은 몸을 뒤집는다. 땅을 향하던 모시 올 같은 잎맥이 하늘을 본다. 조류에 따라 바다색이 다르듯 초록 물결의 색이 살짝 달라진다. 비틀린 잎새 꼭지를 휘감으며 바람은 내달린다.

이쯤 되면 날리는 머리카락 때문에 정신이 없다. 긴 단발이라 옆머리는 시원하게 뒤로 넘어가는데, 어중간한 앞머리가 눈을 찌른다. 천변 갈대도 바람 따라 긴 몸을 흔든다. 그 옆 키 작은 잡초도 분주하다. 바람이 숨을 내쉬고 잦아들 때마다 누웠다 다시 몸을 일으킨다. 바람 부는 하천 변은 막 변주를 시작하려는 오케스트라 같다. 평소와 다른 일이 일어날 것 같은 팽팽한 긴장감을 느낀다.

다소 수굿해진 오후 햇살이 무심코 하천 물길에 닿았다가 화들짝 튕겨 나간다. 바람이 일으킨 물결이 은빛 비늘이 되어 온통 하천을 덮고 있다. 이제 하천은 바람의 점령지다. 수천, 수만 바람의 병사가 물 위에 은빛 발자국을 찍는다. 앞 병사가 스러져도 끊임없이 일어나 번뜩이는 발자국. 그 소리 없는 진군이 눈부시다.

오래전 보았던 영화 한 편이 생각난다. 스티븐 스필버그 감독의 〈마이너리티 리포트〉다. 선지자들의 예지몽으로 미래에 일어날 살인을 방지하는 시스템이 있다. 예지몽은 영상으로 기록된다. 그 도시의 살인율은 제로에 가깝게 줄었다. 그럼에도 호숫가에서 한 여인이 살해된다. 그날 바람이 불었다. 긴 머리카락을 날리며 쓰러지는 여인 뒤로 호숫가 물결이 일렁인다. 흑백으로 처리된 그 장면에서 물결은 햇살을 희끗하게 받아내며 여인의 발을 핥았다.

이 천재적인 감독은 완벽하게 처리된 용의자의 알리바이를 뒤집는데, 물결을 포인트로 삼는다. 여인을 향하던 물결이 반대로 밀려가는 영상 원본을 주인공이 찾아낸다. 물결의 방향이 다르다는 것은 바람 방향이 바뀌었다는 것이고, 그것은 살인의 시간이 조작되었다는 것은 의미한다. 물결이 사건의 목격자였던 셈이다.

어제만 해도 순순히 흐르던 하천이 역린을 드러낸다. 나는 하류를 향해 걸어가건만 물결은 상류를 향한다. 마치 물이 역류하는 듯한 풍경이다. 경사가 완만해 어떤 이는 회야천이 부산으로 흐른다고 착각할 수도 있겠다. 한동안 물결을 바라보고 있으니 내 몸이 기우뚱해지는 느낌이다. 바람 부는 날에는 균형 잡기가 어렵다.

사람 사는 세상에도 많은 바람이 분다. 정보전달이 빠르다 보니 한번 바람이 불기 시작하면 걷잡을 수가 없다. 게다가 자신이 잘 드러나지 않는 인터넷 속에서 부는 바람은 광풍에 가깝다. 그들은 바람에 등 떠밀린 채 누군가의 생을 점령한다. 바람의 군사는 아름다운 은빛 발자국을 남기지만, 시류에 편승한 인간들은 자칫 핏빛 발자국을 찍을 수도 있다.

잊지 말아야 한다. 바람은 수시로 방향을 바꾼다. 영원히 부는 바람도 없다. 바람에 의해 몸을 일으키는 물결은 표면적인 시류를 보여줄 뿐이다. 변화무쌍하고 역동적이지만, 그렇다고 진짜로 물이 역류하는 것은 아니다. 저 물결 아래에는 순리대로 흐르는 만만한 물길이 있다. 바람에 굴하지 않고 묵묵히 제 갈 길을 간다. 그리하여 강에 이르고 바다에 닿는다.

고개를 숙이고 어깨를 움츠린다. 맞바람 속을 걷는다. 순간 나도 바람에 이는 작은 물결이 된다. 허리를 펴고 크게 바람을 들이켠다. 알 수 없는 통쾌함이 가슴으로 퍼진다.

# 수달 가족

저만치 무인카페가 보이는 곳에 산책로와 같은 방향으로 징검돌들이 늘어서 있다. 주진마을을 거쳐 흘러 내려와 회야천에 합류하는 지류에 놓인 징검다리다. 우리 집에서 무인카페 사이 일곱 번째 징검다리다. 화강암 이빨 사이로 맑은 물을 흘려보내며 하얗게 웃는다.

아마도 천성산 어느 작은 골짜기에서 시작되었을 물줄기일 터이다. 평소에는 시냇물처럼 졸졸 흐른다. 하지만 산등성이에 구름이 모여들고, 서로 몸을 부딪쳐 가며 비를 뿌리면 수량은 급격히 불어난다. 하늘에서 큰소리라도 나면 물살은 더 빨라진다.

그럴 때면 어지간한 징검돌은 속수무책으로 떠내려간다. 발을 디디기 편한 납작한 돌은 미끄러지듯 물살을 탄다. 제법 몸집이 있는 돌도 안간힘을 쓰다가 뒤집히며 굴러간다. 거칠 것이 없어진 물살은 기억 자로 휘돌며 하류로 향한다. 마치 보이지 않는 수문이라도 열린 것 같다.

언젠가 그렇게 큰 비가 지나간 며칠 후였다. 마사와 진흙이 뒤섞인 산책로를 걸었다. 떨어진 잎사귀와 꺾어진 가지가 발에 차였다. 휘어진 풀들도 아직 정신을 차리지 못했다. 제자리를 벗어난 것들이 널려 있었다. 나도 마치 방랑을 나선 것처럼 마음이 어수선해졌다.

아니나 다를까 징검다리는 흔적도 찾기 어려웠다. 떠내려 온 자갈로 하얗게 배를 드러낸 하천 바닥에 점점이 박혀 있는 큰 돌들이 보였다. 아마도 징검돌이 아닐지 추측만 했다. 건너편으로 건너갈 방도가 없었다. 잔잔히 흐르는 물살을 맨발로 건널 수는 있었지만 바닥이 울퉁불퉁했다. 간혹 뾰족한 돌도 보였다. 발길을 돌릴 수밖에 없었다.

그때였다. 지류 위쪽에서 새까만 물체가 나타났다. 뭐지 하며 바라보는 동안 물체는 빠르게 물길을 타고 내려왔다. 어미 한 마리와 새끼 두 마리로 된 수달 가족이었다. 간혹 텔레비전에서만 보던 수달을 눈앞에서 목격하다니. 눈을 떼지 못했다. 수달 가족은 자신을 바라보는 시선을 아랑곳하지 않았다. 징검다리가 있었던 위치에서 어미 수달이 멈췄다.

본 하천은 지류와 일 미터가량의 단 차가 있었다. 물은 작은 폭포를 이루며 아래로 떨어졌다. 어미 수달이 이리저리 고개를 돌려 살피더니 대뜸 몸을 던졌다. 유연하게 몸을 휘며 하천 바닥에 안착했다. 연이어 새끼 한 마리가 따라 뛰어내렸다. 옆으로 조금 돌면서 역시 어미 옆에 자리 잡았다. 너무 신기한 광경이었다.

문제는 남은 새끼 한 마리였다. 용기가 나지 않는지 연신 끙끙 소리를 내며 안절부절못했다. 어미도 위를 쳐다보며 컹컹 소리를 냈다. 그러기를 한참, 마침내 남은 새끼가 단 앞으로 몸을 밀어냈다. 쭉 미끄러지며 새끼는 어미에게 갈 수 있었다. 두 마리 새끼를 이끌며 어미는 하천 가운데로 나아갔다. 깊어진 수심을 따라 수달 가족이 사라졌다. 어린 자식들을 좀 더 좋은 환경에서 키우기 위한 어미의 결단으로 보였다.

 나도 천성산 기슭에서 두 자식들을 키웠다. 지금은 국공립 교육시설이 많이 들어섰지만 그때는 교육 인프라가 약했다. 여건이 되는 사람들이 자식 교육을 위해 인근 대도시로 떠났다. '맹모삼천지교'도 있다는데 나는 일천지교도 하지 못했다. 여러 이유가 있었지만, 지금 와서 생각하니 용기가 부족했었나 싶다. 맨몸으로 새끼들을 데리고 거친 여정을 떠나는 어미 수달이 참 대단해 보였다.

 자주 큰물이 나자 징검돌은 크고 무거운 화강암으로 바뀌었다. 사각의 징검돌이 촘촘히 늘어서자 지류는 마치 감옥 창살 틈으로 물을 흘려보내는 것 같다. 이제 아무리 비가 와도 떠내려가지 않을 징검다리다. 그 위를 건너기는 좋아졌지만 다시 수달이 이곳을 통과하기는 불가능해졌다. 언제나 그렇듯이 인간에게 편리한 것은 자연을 훼손한다. 화강암 징검다리의 하얀 미소가 무안해진다.

백로

백로 한 마리가 눈길을 끈다. 거의 두 달 가까이 비가 오지 않아 수척해진 하천 풍경에 하얀 물감으로 그린 듯한 새는 꼼짝하지 않는다. 겨우 바닥을 적시는 물줄기가 모여든 작은 웅덩이에 까만 발을 담근 채 뚫어져라 바닥만 바라보고 있다. 물고기를 찾는 모양이다. 하긴 긴 봄 가뭄에 배가 고프기도 할 것이다. 백로가 보릿고개에 서 있다는 느낌이 든다. 게다가 요 며칠 징검다리를 건너며 한결같이 이런 모습의 백로를 보아온 터였다.

아파트 단지 앞산에는 소나무가 많다. 해마다 다르기는 하지만 봄이면 꽤 많은 수의 백로가 날아온다. 푸른 소나무에 하얀 백로가 앉아 있는 풍경은 눈을 정화한다. 인간이 살고 있는 세상에 대한 어둡고 부정적인 색조를 걷어낸다. 절로 신선이 산다는 선경을 떠올리게 된다. 가슴 가운데가 맑은 바람에 씻기는 기분이 든다.

하천은 그 백로들의 먹이 사냥터다. 지금쯤 산란과 부화가 한창일 터이다. 그런데 하천이 늙은 어머니 가슴마냥 바짝 쪼그라들었으니 어쩌나 싶다. 자연의 순리에 기대어 사는 생명이니 마땅히 때를 기다려야 하지만, 조급한 인간의 연민이 자꾸만 발목을 잡는다.

예닐곱 살이나 되었을까. 어스름이 골목으로 흘러들면 나는 아버지 마중을 나갔다. 동생을 업은 어머니와 함께인 적도 있었지만 혼자서도 곧잘 나서곤 했다. 골목 어귀 나무 전봇대에 희미한 백열등이 불을 밝힐 때 뒷집 전 씨 할아버지가 대팻밥이 묻은 머리로 막걸리 냄새를 풍기며 지나갔다. 공장에서 늘 잔업을 하던 옆방 연자 언니가 빈 도시락 가방을 흔들고는 눈을 찡끗해 보였다. 모처럼 일이 일찍 끝나 기분이 좋은 모양이었다. 그 뒤로 알 듯 모를 듯한 동네 사람들이 지나가고, 저만치 아버지가 걸어왔다.

나는 아버지의 손부터 바라보았다. 그날은 빈손이었다. 어쩌다 들려있던 산뻬이 과자나 군고구마 봉지가 보이지 않았다. 실망보다는 아버지의 처진 어깨가 눈에 들어왔다. 가난은 어린아이를 일찍 철들게 한다. 산업화로 도시화로 빠르게 물결치는 세상에서 아버지의 하천은 늘 빈약했다. 대어는커녕 일용할 양식마저 구하지 못하는 경우가 허다했다. 아버지의 양심이 백로처럼 희어서인지, 백로 다리처럼 괜히 자존심만 길어서인지 어린 나는 알지 못했다. 다만 아버지가 조금 불쌍하다고 생각했다.

걷다 보니 해가 쨍쨍해진다. 아무래도 늘 반환점으로 삼는 정자까지 가기는 무리다. 한창 잎을 키워 그늘을 만들고 있는 등나무 아래서 잠시 쉬고 돌아선다. 유채꽃 사이로 작은 벌들이 날아든다. 먹이를 입에 문 개미들이 제비꽃 아래를 줄지어 지난다. 저마다 먹이를 구하느라 분주하다.

  징검다리에 들어선다. 백로는 여전히 그 모습 그대로다. 볕은 점점 강해지는데 미동도 없다. 그런데 그 순간 백로의 고개가 뒤로 확 젖혀진다. 아니 순식간에 부리를 물속에 넣었다가 뺀 모양새다. 보고 있는데도 동작을 구분하기 어렵다. 긴 부리에 반짝이는 나뭇잎 같은 물고기 한 마리가 물려 있다. 물고기 비늘이 햇살을 튕기며 파닥거린다. 마침내 먹이를 구한 것이다.

  통째로 물고기를 삼킨 백로가 한쪽 날개를 퍼덕이더니 두 다리를 가지런히 뒤로 뻗으며 저만치 날아간다. 머리 위를 한 바퀴 빙 돌더니 아파트 뒤로 사라진다. 문득 어린 백로 한 마리가 소나무 가지 끝에 앉아 마중을 하고 있나 하는 터무니 없는 상념에 잠긴다.

  그나저나 비가 좀 왔으면 좋겠다. 백로가 사라진 쪽을 올려다보는데, 푸른 하늘 저 한 귀퉁이에 회색 구름 한 점 떠 있다.

벝나무

아파트 뒤 쪽문을 나선다. 몇 걸음 안 가 하천가로 내려가는 돌계단이 나온다. 아래에는 바로 징검다리가 놓여 있다. 그 계단 옆에 비스듬히 기운 벚나무 한 그루가 보인다. 고목 벚나무들이 줄지은 방죽에 있는 마지막 나무다.

방죽을 깎아 계단을 내었으니 그 나무가 선 자리는 경사가 심하다. 아니 애초부터 경사지에 심었을 것이다. 작은 나무일 때는 다른 나무들과 일렬로 서 있었을 테지만 점점 자라다 보니 둥치가 기울었을 게다. 나는 그 옆을 지나며 저러다 미끄러져 하천으로 빠지면 어떡하지 염려했다.

다행히 하천 절개면은 콘크리트 벽이다. 하천 쪽으로 뻗은 뿌리가 다소 힘을 받지 싶다. 그래도 이미 무거워진 둥치를 틀며 균형을 잡으려고 안간힘을 쓰는 듯 보인다. 빨래를 짠 것 같은 표피의 흔적을 남기며 허리가 휘어져 있다. 툭 튀어나온 뿌리는 까치발로 버티고 있는 발등 같다. 뿌리와 밑동 사이가 파여 있다. 늘 흙이 흘러내리기 때문이다.

나는 십여 년 전 버스에서 넘어져 무릎을 다쳤다. 두 달 동안 병원 신세를 졌다. 휠체어에 앉았다가 지팡이를 사용하다가 절룩거리며 걸었다. 지금은 평지는 걸어 다니지만 조금이라도 경사가 있을라치면 난감해진다. 뭐라도 주위에

잡을 것이 있나 두리번거리게 된다. 땅의 기울기만큼 두려움이 생긴다.

나는 줄곧 경사지에 서 있다는 느낌을 받으며 살아왔다. 우선 가난으로 교육의 기회를 제한받기도 했고, 부모 부양이라는 짐도 걸머져야 했다. 먹고살기 바쁘다 보니 자기 계발의 시간을 갖기 어려웠다. 여성이라는 것도 기울기를 더하는 요인이 되었다. 전통적으로 출산과 육아, 가사는 여성의 몫이었다. 요즘 들어 그런 의식이 변화했다고는 하지만 그 그림자는 아직도 남아 있다. 그러다 보니 더 이상 미끄러지지 않기 위해 발끝에 힘을 주며 버텨왔다.

'기울어진 운동장'이란 말이 있다. 스포츠에서 유래된 말이다. 축구 경기를 하는데, 경기장이 어느 한쪽으로 기울어져 있다고 상상해 보라. 애초부터 공정한 경기가 될 수 없다. 경쟁하는 경기가 아니고 기록경기라 해도 마찬가지이다. 공정한 출발 조건을 보장하지 못하면 기록의 정당성을 확보할 수 없다. 민주국가라면 스포츠뿐만 아니라 사회, 경제의 여러 분야에서 깊이 고려되어야 하는 측면이다.

봄이 되니 방죽에 늘어선 벚나무들은 화사한 꽃을 피워 올린다. 나는 그 길을 오가며 어느 나무가 더 풍성한 꽃을 피웠는지 가늠해 본다. 긴 머리칼 같은 가지 끝까지 한 송이 한 송이 꽃을 피운 나무, 풍성한 품으로 거리에 꽃그늘을 드리운 나무, 둥치 곳곳에 작은 가지를 내고 꽃을 피워 몸을 장식한 나무도 있다. 계단 옆 나무도 나무랄 데 없는 꽃 무더기를 자랑한다. 이 나무, 저 나무를 견줘 봐도 우열을 가르는 게 아무 의미가 없어진다. 서로 어울려 세상을 밝히는 꽃 잔치에 그저 황홀해질 뿐이다. 하지만 위를 향하던 시선을 아래로 내려보면 기울어진 땅에서 안간힘을 다해 버티고 있는 뿌리가 보인다.

 얼마 전 큰 화분에서 키우던 홍콩야자가 죽었다. 나는 끙끙거리며 화분을 들고 나무로 간다. 화분 속 흙을 부어 나무의 발등을 덮는다. 손으로 꾹꾹 누르며 뿌리가 좀 더 힘을 내기를 빈다. 기름진 검은 흙이 패인 구멍을 메운다. 그러고 나니 경사가 조금 완만해진 것 같기도 하다.

 나는 나무에 짐짓 '벝나무'라는 별칭을 붙인다. 버티고 버티는 나무라는 뜻이다. 앞으로도 잘 버텨달라는 염원도 담는다. 투명한 화살 같은 봄볕까지 더해져서인지 벝나무를 바라보는 눈이 시려온다.

너와 나 사이에

나에게는 반 백년지기 친구가 하나 있다. 풋콩처럼 채 여물지 않은 십 대 초반에 만나서 메주를 거쳐 된장이 다 된 육십 대 후반까지 이어온 우정이다. 부모님이 다 돌아가셨으니 어쩌면 이 세상에서 나를 가장 오래 알아 온 사람이다. 남편이나 아이들도 모르는 피차의 시간을 기억하는 유일한 사이인 셈이다.

그렇다고 해서 매양 좋기만 했던 건 아니다. 오십 년을 거슬러 올라가 보면 자신을 향하는 구심력과 친구를 향하는 원심력이 파도치는 세월이었다. 가끔 폭풍우도 휩쓸고 지나갔다. 그럴 때면 각자 인간은 하나의 섬이라는 어느 작가의 말을 떠올리곤 했다. 그래도 이날까지 인연이 이어지는 걸 보면 그녀와 나 사이에 뭔가 있기는 있나 보다.

여기로 이사 온 지 얼마 되지 않아 태풍이 불었다. 나뭇가지가 밤새 창문을 때려댔다. 일 층이다 보니 귓속을 빼곡하게 채우며 내리는 빗소리도 들었다. 말발굽 내달리는 소리 같아서 잠을 설쳤다. 아침이 되자 빗줄기가 가늘어졌다. 우산을 쓰고 하천가로 나가 보았다.

흙탕물로 몸집을 불린 하천이 거칠게 흘러가고 있었다. 낯선 풍경이었다. 무엇이 그리 화가 나는지 앞 물결이 흐르기도 전에 뒤 물결이 덮쳤다. 요동치며 내려가는 하천을 보고 있으니 더럭 겁이 났다. 밤사이 잠겼다가 드러난 산책로가 뻘건 진흙을 뒤집어쓰고 있었다. 다시는 건너갈 수 없을 것 같았다.

사람 사이에도 태풍은 분다. 우리도 그랬다. 고기압과 저기압이 충돌하는 것처럼 서로 다른 의견이 부딪쳤고 한동안 밝혀지지 않을 오해에 휩쓸렸다. 걷잡을 수 없이 감정이 팽창했다. 한 번 불어닥치기 시작한 태풍은 이해할 수 없는 거리 밖으로 서로를 밀어냈다. 그 사이로 탁류가 흘렀다.

며칠 오락가락 비가 왔지만 하천은 하루가 다르게 수위가 내려갔다. 나는 시간만 나면 하천을 살폈다. 우리 아파트 바로 아래에 있는 징검다리가 궁금했기 때문이었다. 크고 작은 열댓 개의 자연석으로 된 징검다리였다. 모양과 색이 제각기 달라 건너는 재미가 남달랐다. 획일적인 아파트 단지를 벗어나 자연의 세계로 통하는 신비한 통로였다.

맑아진 물 위로 어린아이 유치 같은 징검다리가 드러났다. 격류에 하천이 패였는지 가운데 부분은 잠겨 있었다. 그런데 중간중간 징검돌이 빠져 있었다. 물살을 이기지 못하고 작은 돌들이 떠내려간 모양이었다. 나머지 돌들도 급류에 뒹굴었는지 뒤집혀 있기도 했다. 아직은 건널 수 없었다.

화창해진 어느 날 빠진 징검돌 자리에 다른 돌이 놓였다. 누군가가 주위에서 적당한 돌을 찾아와 자리를 메운 것이다. 본래 있던 돌만큼 편편하지 않아 건널 때 조심해야 했다. 다음날에는 또 다른 누군가가 좀 더 큰 돌로 바꿔 놓았다. 흔들거리는 돌 밑에 작은 돌을 괴어 놓기도 했다. 그럭저럭 징검다리는 회복되었다.

친구와 연락하지 않은 며칠이 흐르자 외로움이 찾아왔다. 몇 번 들었다 놓았다 하다가 전화기 버튼을 눌렀다. 신호가 울릴 때마다 함께 했던 추억이 하나둘 떠올랐다. 감정에 휩쓸려 간 부분도 보였다. 친구가 발을 디딜 수 있도록 마음의 모난 부분을 깎아 그 자리에 놓았다. 마주 앉은 친구가 흘린 눈물도 징검돌이 되었다. 그렇게 우리는 다시 징검다리를 만들고 서로에게 가 닿곤 했다.

인간이라는 섬과 섬 사이에는 징검다리가 놓여있다. 그 사이로 이런저런 감정이 흐른다. 맑은 날 우리는 징검다리를 지나 서로에게 건너간다. 시간을 함께하고 마음을 나눈다. 그런데 태풍이 몰아쳐 흙탕물에 덮이면 우리는 징검다리가 그곳에 있었다는 것 자체를 잊기도 한다. 기다리지 못하고 등을 돌리면 다시는 그 징검다리를 건널 수 없다. 그저 하나의 섬으로 되돌아가는 것이다.

태풍으로 몇 번 징검다리가 소실되자 양산시는 회야천 징검다리를 교체했다. 커다란 사각의 화강암으로 말이다. 물론 아기자기한 맛도 없어졌다. 하지만 태풍이 몰아쳐도 마음 놓고 기다릴 수 있게 되었다. 마치 세월이 흘러 친구와 나 사이에 놓인 믿음의 징검다리 같기도 하다. 이제 아무리 물살이 거세도 떠내려갈 염려는 없다. 저만치 건너편에서 친구가 손을 흔든다.

# 어느 무인 카페

하천을 따라 산책을 나선다. 운동도 하고 저 아래 무인카페에서 커피도 한 잔 마시기 위해서다. 얼마 전부터 반복되는 일상이다. 하천은 완만하게 흐르고 있다. 늦가을이라 한동안 비가 오지 않았으므로 수심은 얕다. 갈대가 하얗게 사위기 시작하는 기슭에서 발목을 적시고 있던 재두루미 한 마리가 날아오른다. 이제 곧 이곳을 떠날 재두루미는 갈대숲을 한 바퀴 빙 돈다.

징검다리에 쪼그리고 앉아 돌 틈으로 빠져나가는 물살을 지켜본다. 징검돌은 유유히 흐르던 물살을 긴 머리를 묶듯 질끈 묶는다. 물살은 결을 이루며 좁은 돌 틈 사이를 비집고 흐르더니, 이내 주름을 펴고 낭창거린다. 오후 편광이 길게 비친 하천은 곳곳이 희끗희끗하다. 마치 쪽머리를 푼 할머니 머리 타래 같다.

어느 해 겨울 돌연히 돌아가실 때까지 할머니가 머리를 감으시는 것을 본 적이 없다. 다만 머리를 푸시는 것을 본 적이 있는데, 비녀를 빼자 질끈 묶은 희끗희끗한 머리 타래가 하릴없이 툭 떨어졌다. 가슴이 철렁 내려앉았다. 단단히 옭아매었던 무언가가 대책 없이 떨어져 내리는 느낌이었다. 당황한 시선을 돌리면서도 흰머리가 섞인 긴 머리 타래가 방바닥을 구비 치며 흐르는 것을 보았다. 그것은 아마도 시간이라는 불가해한 존재에 대한 첫 번째 느낌이었다.

이렇게 흐르는 물 옆을 걸을 때만큼은 시간을 실체적으로 느낄 수 있다. 물살은 쉼 없이 시간을 하류로 실어 나른다. 멈출 수 없으므로 머물 수 없다. 무인카페가 있는 하류를 향해 발걸음을 옮긴다.

하천은 좁아졌다가 다시 넓어진다. 아래로 내려갈수록 곳곳에 바닥을 드러낸 곳이 보인다. 그곳에는 갈대가 자라 작은 숲을 이루고 있다. 그 뿌리께에 잡다한 것들이 엉켜있다. 찢어진 비닐이며 앙상한 살을 드러낸 망가진 우산도 보인다. 지난여름 태풍에 휩쓸려 온 잡동사니들이다.

그러고 보니 하천은 시간만을 실어 나른 것이 아니다. 집중호우에 물이 불자 온갖 것들이 떠내려왔다. 평소에는 언제까지나 제자리에서 꼼짝하지 않을 것 같은 물건들도 섞여 있었다. 누군가가 지친 몸을 누였을 안락의자도 보이고 작은 냉장고도 보였다. 도대체 이런 것들은 다 어디서 떠내려오는 것일까.

내가 사는 아파트는 하천을 끼고 있는 부지에 세워져 있다. 호우경보 문자가 핸드폰에 뜬 날, 큰 우산을 쓰고 나가 하천가를 살펴보았다. 그리고 누군가의 신발 한 짝이 하류로 둥둥 떠내려가는 것을 오래도록 바라보았다.

비가 그치자 수량은 급속도로 줄어들었다. 급류에 떠밀린 징검다리가 어긋난 이처럼 다시 돋고, 황토를 벌겋게 둘러쓴 산책로가 모습을 드러냈다. 물살에 떠내려온 것들은 기슭이나 하천 가운데 갈대숲에 남루한 몸을 부렸다. 시에서 나온 미화원들이 날마다 포대로 퍼 날랐지만 아직은 그 흔적을 다 지우지 못한 모양이다.

하천이 굽어지며 만들어 놓은 둥근 하천부지 한쪽에 '무인카페'라고 쓴 나무 간판이 세워져 있다. 카페라야 그저 컨테이너 한 동으로 이루어진 네모난 공간이다. 누군가가 드나들며 돌계단도 만들고 자잘한 화분들도 갖다 놓았다. 아침에 주인이 선곡해 놓은 음악이 종일 반복되며 흐르고 있다.

기부함이라고 쓰인 나무통에 천 원을 넣고 커피 추출기를 눌러 원두 한 잔을 내려받는다. 탁자 세 개와 의자 여덟 개는 모양이 제각각이다. 원목도 있고 투명한 플라스틱도 있다. 나는 창가에 가 앉는다.

거울 옆에 '이 수익금은 불우 청소년을 돕는 데 쓰입니다.'라는 문구가 보인다. 카페 주인은 뒤편에서 고물상을 하는 분이다. 그저 있는 땅에 컨테이너 하나 놓고, 고물상에 들어

온 물건 중 쓸 만하다 싶은 탁자와 의자들을 갖다 놓았다. 제법 산책객의 발길이 들자 주인은 헌 책장을 들이고 인테리어 삼아 이런저런 물건들도 진열했다. 하나같이 쓸모없어 보이는 것들이다. 물론 이 물건들 출처는 고물상이다.

그런데 무인카페에 앉아 있으면 왠지 마음이 편안해진다. 어느 물건 하나 날을 세우고 있는 것이 없다. 생각해 보면 고물은 그저 되는 것이 아니다. 제각각 난 곳에서 고물상까지 흘러올 시간이 필요하다. 이토록 결이 삭을 만큼 나름 사연도 겪는다. 그리고 꿀꺽 가시를 삼키듯 이별이라는 순간을 통과의례처럼 감내해야 한다. 빛이 바래고 모가 닳은 이 물건들은 완전히 버려지기 전에 카페 주인 손에 의해 이곳에 부려졌다. 마치 계류장에서처럼 이들에게 잠시 휴식이 주어진다.

양쪽에 자개로 용을 새겨 넣은 검은 명패가 보인다. 무슨 농협 모 이사장이라고 쓰인 명패는 마치 하늘에서 뚝 떨어진 것 같다. 멀쩡하기는 하나 더 이상 쓸 것 같지 않은 그릇들, 노란 스웨터를 입은 금발 인형, 하늘을 나는 자전거가 그려진 때 묻은 캠퍼스, 종이학이 든 유리병, 나는 물건들을 눈으로 훑어본다. 도저히 한 공간에 존재하지 않을 것 같은 물건들의 공통점은 그저 시간의 물살에 떠밀려 왔다는 점이다. 누구도 거역할 수 없는 물살이다.

  문득 나 또한 정처 없이 떠내려온 것만 같다. 무수히 헤아리고 확인하고 인식했던 것들이 덧없어진다. 아무 맥락 없이 놓인 물건들이 모든 관계가 사라진 끝에서 오롯이 홀로 존재해야 하는 한순간을 보여준다. 그런데 이 공평한 고독에 은근히 안심되는 것은 왜일까. 아마 나도 시간의 강, 그 하류로 떠밀려 가는 중인가 보다.

  누군가 들어와 무인카페에 불을 켠다. 창밖이 어둑하다. 산책로에도 하나둘 가로등이 불을 밝힌다. 검은 물살이 흐르는 하천을 거슬러 집으로 돌아간다. 뒤돌아보니 환히 불을 밝힌 무인카페가 마치 시간을 항해하는 배처럼 검은 물살에 떠내려가고 있다.

# 2부
# 비망록에 붙이는 글

"평범을 품다"

땡볕이 내리쬐는 한낮은 텅 비었다. 마치 공포 영화의 한 장면을 방불케 했다. 사람은 물론 고양이 한 마리 보이지 않고 새 한 마리 날지 않았다. 며칠 내내 더위에 갇힌 채 밖에 나가지 못하고 보냈다. 일상에서 무언가가 삭제되는 느낌이었다. 마치 총천연색에서 다시 흑백으로 돌아간 TV 같았다. 미친 듯이 돌려대던 리모컨을 내려놓았다.

일본을 향해 '산산'이라 이름 붙여진 태풍이 다가오고 있다 했다. 그 여파인지 오후 들어 바람이 먹구름을 몰고 왔다. 창밖이 어두워지는 낌새가 비라도 올 모양이었다. 작은 우산을 챙기고 운동화를 찾아 신었다. 하늘과 땅 사이에 어쩌면 더 이상 평범한 세상은 없을지도 모른다는 불안이 눅눅한 바람 가득 감돌았다.

우리 아파트 옆으로 회야강이 흐른다. 상류다 보니 하천 폭은 그리 넓지 않지만, 사시사철 다양한 매력을 보여준다. 물길 따라 산책로와 벤치, 운동시설이 마련되어 있다. 가는 비를 맞으며 징검다리 세 개를 건너 무인카페에 도착했다.

오래전부터 하천이 휘도는 이곳에 고물상을 하는 사장님이 컨테이너 박스를 설치하고 소박한 무인카페를 마련했다. 그저 천 원짜리 한 장 통에 넣고 스스로 커피나 음료를 찾아

마신다. 수익금은 불우 청소년을 위해 쓰인다는 문구가 붙어있다.

탁자 위에 낡은 공책 두 권이 눈에 띄었다. 언젠가부터 이곳을 찾는 주민들이 칠 벗겨진 탁자에 놓인 비망록에 한 줄씩 자신의 심정이나 기분을 적기 시작했다. 비망록을 펼쳐 보았다. 별 내용은 없었다. 그저 평범한 사람들이 평범한 일상의 조각을 남긴 것이 대부분이었다. 그런데 별안간 이 평범이라는 층위가 사무치게 다가왔다. 너나 나나 별 다름이 없다는 깨우침은 안심과 위로와 감사를 불러일으켰다.

사장님은 일 보러 나가시고 없었다. 사모님께 명함을 건네고 이 글들에 내 마음을 곁들여 책으로 엮고 싶다는 의도를 전했다. 또 다른 컨테이너 사무실 싱크대에서 설거지하던 그녀는 젖은 손을 수건에 닦고, 비망록을 찾아내 흔쾌히 내 손에 들려주었다. 그렇게 이 비망록들은 내게로 왔다.

후두둑거리던 빗방울이 본격적으로 빗줄기를 이루며 내렸다. 우산이 작은 탓에 한쪽 어깨가 젖었다. 그래도 비망록은 비를 맞히지 않으려고 품에 꼭 안았다. 아무도 없는 산책로를 걸어 돌아오며 모쪼록 우리 모두의 일상에서 이 '평범'이 사라지지 않기를 간절히 빌었다.

"가을이 왔다.
희망과 설레임이 오네.
덕계에서 경이가!!"

나무에 여름은 노동의 계절이다. 무성한 잎을 내기 위해 뿌리와 줄기는 쉴 새 없이 물을 퍼 올린다. 잎은 따가운 햇살에 몸을 내밀며 부지런히 광합성을 한다. 대기는 이들의 땀 냄새로 자욱하다. 짙은 풋내다.

노동에는 생존 철학이 있다. 먹어야 산다. 먹이는 기본적으로 노동을 필요로 한다. 그렇지만 노동의 묘미는 잉여에 있다. 조금씩 노동의 결과물들이 쌓인다. 꽃이 진 자리에 작은 멍울이 생긴다. 생장을 위한 최소한의 에너지를 제외한 나머지가 열매에 부어진다. 각기 내면의 청사진을 닮은 모양으로 열매가 커간다. 노동의 진정한 대가다.

여름은 열매를 키우지만 익히는 것은 가을의 책무다. 마지막 에너지를 쏟기 위해 나무는 몽땅 잎을 떨어뜨린다. 노동에 필요한 에너지마저도 열매를 위해 내어준다. 열매 속 씨앗에는 나무 일생의 경험이 농축되어 있다. 미완의 시간을 채워줄 마지막 희망이다.

유난히 길고 더웠던 여름이 가고 있다. 설렌다. 저만치 바람을 타고 희망이 불어온다.

"시험 친 지 12일 지났다.
제발 합격하게 해주세요. ㅠㅠ
8급 간호직!!
쮀발 엉엉…."

글을 쓰기 시작한 지 한 삼 년이나 되었을까. 용기를 내어 공모전에 도전했다. 《토지》의 작가 박경리를 기념하는 공모전으로, 배경이 된 평사리에서 이름을 딴 '평사리문학대전'이었다. 요강을 꼼꼼히 확인하고 마감 날짜 우체국 소인을 찍어 보냈다. 이른 봄날이었다.

잠이 오지 않았다. 수시로 가슴이 두근거렸다. 어찌 된 일인지 밥도 잘 넘어가지 않았다. 당선자 발표가 한 달도 넘게 남았는데 말이다. 머릿속에서 응모한 작품의 문장들이 떠돌았다. 내가 썼지만 참 명문이지 싶었다. 잘하면 당선되겠다는 느낌이 들자 가슴이 터질 것 같았다. 그런데 아무래도 끝맺음이 허술하다는 생각도 들었다. 심사 위원들이 첫 문장과 마지막 문장을 유심히 본다는데, 이번에는 글렀다 싶었다. 온몸에 맥이 풀리고 발밑이 푹 꺼지는 것 같았다. 이런 감정의 사이클이 반복해서 지나갔다.

긴장과 이완의 쫄깃한 시간. 희망과 절망의 숨 가쁜 릴레이. 도전하는 자만이 누릴 수 있는 특권이다. 이 글을 쓴 이가 부디 합격했기를 빈다. 설혹 실패했더라도 힘차게 뛰는 그의 심장은 또다시 도전을 불러낼 것이다. 모든 도전하는 이들을 뜨겁게 응원한다.

"걸으러 나왔어요.
허리 디스크에는 걷는 게 최고에요!
여러분도 걸으시고
이번 년도 얼마 남지 않았지만,
파이팅 합시다.~!
유니랑 다녀감!"

몇 해 전 허리 시술을 받았다. 일하다 엉덩방아를 찧었는데 척추 4번이 골절되었다. 꼼짝없이 3주를 누워 있었지만 뼈는 붙지 않았다. 앉을 수가 없어 누워서 밥을 먹었다. 화장실 출입은 극심한 고통이었다. 일상이 허물어졌다.

수직의 세계를 잃어버리자 인간의 존엄이 뭉그러졌다. 침대 위에서 꿈틀거렸다. 몸이 땀과 무기력으로 치댄 밀가루 반죽 같았다. 나는 물컹거리는 한 마리 애벌레가 된 기분이었다.

척추 양쪽에 구멍을 뚫고 뼈를 붙이는 시멘트(?)를 부었다. 통증이 극심했지만 다행히 시술 2시간이 지나자 걸을 수 있었다. 보조기를 잡고 허리를 펴자 세상이 빙그르르 돌아 바로 섰다. 발걸음마다 감사와 행복이 병원 복도에 찍혔다.

지금은 그 발자국을 하천 산책로에 찍고 있다. 걸을 수 없었던 경험은 걸을 수 있다는 것이 축복임을 깨닫게 한다. 그런 경험 없이 그 사실을 아는 사람들은 지혜롭다. 오늘도 지혜로운 사람들이 줄지어 하천가를 걷고 있다.

"아빠 사랑해
엄마 사랑해요."

이 육필을 그대로 옮길 수 있다면 얼마나 좋을까. 이제 막 글을 익힌 어린아이의 필체다. 글자 크기가 들쭉날쭉하고 모양도 삐뚤빼뚤하다. 손에 힘을 주고 집중해서 글씨를 쓰는 아이를 상상해 본다. 입가에 절로 미소가 걸린다.

많은 사랑이 있다. 남녀 간의 사랑, 친구와의 우정, 부모의 자식 사랑, 제자를 향한 선생님의 사랑, 또 신의 사랑도 있다. 그러나 그 많은 사랑들이 과연 얼마나 순수할 수 있을까. 어른들은 사랑의 이불 속에 목적이라는 차가운 얼음조각을 숨겨둔다. 아무리 사랑이 뜨거워도 달성될 때까지 녹지 않는 얼음이다. 사랑하면서도 가끔 그 차가움에 몸서리친다.

하지만 아이의 부모에 대한 사랑에는 목적이 없다. 나에게는 24개월이 된 손녀가 있다. 이제 막 말을 하기 시작했는데 귀엽기 짝이 없다. 그중 "할아버지 앙앙해, 할머니 앙앙해."가 단연 최고다. 이 글을 읽으시는 분들, 한번 통역해 보시라. 여름 햇살에 아이스크림 녹듯 할아버지 할머니가 녹는다.

"곧 개강이네요.
개 강해집시다.
- 서창 스윙스 펀치라인 퀸"

언어는 살아있다. 같은 단어도 쓰는 사람이 처한 상황에 따라 느낌이 달라진다. 많은 사람의 의도가 모이면 그 단어는 이전과는 다른 의미를 획득한다. 새로운 단어의 탄생이다.

우리말에는 접두사 '개'가 있다. '개떡' '개살구' '개헤엄' 등에서는 '비슷하긴 하지만 조금 못한'의 의미로 쓰인다. '개죽음' '개수작' '개꿈'에서는 '헛되고 쓸모없는'이란 뜻이다. '개망나니'에 이르면 부정적인 의미를 더한다.

이렇게 대체로 접하는 단어마다 발목을 잡고 끌어내리려 하던 '개'가 요즘 참 많이 달라졌다. 개과천선이라도 했는지 파트너의 기를 팍팍 살려준다. '개이득' '개꿀잼'을 지나 '개멋지다' '개재밌다' '개맛있다'는 10대들이 즐겨 쓰는 단어다.

이와 비슷한 의미로 한때는 '왕' '킹' '갓'이 쓰였는데 이들은 사양길에 접어들었다. 왕이나 신도 한창 감수성이 예민한 아이들에게는 개보다 못한 거였나 보다. 아니 개만큼 친밀하지 않았던 모양이다. 자신을 낮추면서 화끈하게 상대를 강조하는 '개'가 은근히 개간지 난다.

"예년에 비해 사는 게 낙이 없다고 말씀하신 분이 계십니다. 그분의 고민을 잘 들어보면 '예전에 비해'라는 말이 바로 불행의 근원입니다. 젊었을 때, 잘 나갈 때를 생각하면 현재의 삶 불행하다고 느끼게 됩니다. 흔히 나이가 들면 과거와 젊음에 집착하게 되고 괴로워 하는데 과연 나이가 들어가는 것이 괴로운 일일까요? 꼭 그렇지 않습니다. 술도 익어야 맛있고, 된장도 숙성해야 맛이 나듯이 인생도 늙어야 맛이 나는 것 같습니다.

젊음에 집착하지 않으면 늙음도 괴롭지 않습니다."

세상에는 숨은 고수가 많다. 명함에 빽빽하게 직함을 새기고 다니지 않아도, 입만 열면 줄줄이 명언을 말하지 않아도 말이다. 그들은 특별한 사람들이 아니다. 다만 삶의 경험을 버리지 않고 인생의 지혜를 찾는 데 사용하는 사람들이다.

　어느 현자는 이렇게 말했다.

　"진정으로 깨달은 자는 범인 속에 섞여 있어 아무런 표가 나지 않는다."

　이런 말도 있다.

　"세 사람이 길을 가면 그중에 반드시 너의 스승이 있다.

　누가 이 소박한 탁자에 앉아 이 글을 썼을까?

　삼삼오오 산책하는 사람들 머리 위로 오후의 편광이 쏟아지고 있다. 그들이 모두 현자로 보인다.

"그대는 나의 품에 안겼다.
그리고 그대와 나는
불타는 마음으로 키스를 했다.
그리고 나는 그대를 버렸다.
그리고 나는 그대를 짓밟아버렸다."

(담배)

어릴 적 학교 게시판에는 늘 표어가 붙어 있었다. 검고 굵은 고딕체로 조악하게 인쇄된 표어는 주로 반공에 관한 것이었다. "이상하면 살펴보고, 수상하면 신고하자" "엄마는 신고하고, 아빠는 잡아 내자"는 간첩을 신고하라는 표어였다. 그 옆에 붉은 글씨로 이런 표어도 붙어 있었다. "꺼진 불도 다시 보자" 화재 예방 표어다.

이 표어는 세월이 한참 지난 지금도 유효하다. 지난봄에는 유독 크고 작은 산불이 잇달았다. 그중 담뱃불 실화에서 비롯된 화재도 적지 않았다. 한번 발화하면 바람을 타고 걷잡을 수 없이 번져가는 게 산불이다. 불은 인간이 내지만 끄는 것은 인간의 힘만으로는 어렵다. 바람이 잦아들거나 비가 내려야 불씨가 완전히 꺼진다. 돌이킬 수 없는 상처를 남긴 채.

한때 뜨거운 사이였어도 끌 때는 확실히 꺼야 한다. 짓밟아 버려야 한다. 뭉근히 피어오르는 미련을 뭉개야 한다. 밑에 분명 담배에 관한 글이라고 적혀 있는데도 잠깐 마음이 저릿해진다. 글쓴이의 화려한 표현에 휘둘린 탓이다.

"예쁜 순이랑 당겨 갑니데… ㅎ ㅎ ㅎ"

왠지 순이는 그리 키가 크지 않을 것 같다. 까치발을 해도 그의 어깨를 넘지 못한다. 그렇다고 굳이 굽 높은 신을 찾아 신지는 않는다. 땅의 탄력을 느낄 만큼 밑창이 얇은 운동화를 좋아한다. 그래야 바람을 따라 잠시 달리기도 하고, 징검돌 사이를 폴짝 뛸 수도 있다.

그녀의 눈동자는 분꽃 씨앗처럼 검을 것이다. 맑은 눈으로 가끔 그의 눈을 바라본다. 누구든 그녀의 눈과 마주치면 유리창에 비친 자신의 모습을 본 듯 잠깐 겸허해지기도 한다. 사랑하지 않을 수 없는 눈이다.

한때 이 땅에는 수많은 순이가 있었다. 누군가의 누이였다가 아내가 되고, 또 누군가의 엄마가 되었다. 키 낮은 봉선화가 줄지어 핀 토담 길을 걸으며 가슴이 두근거렸다. 손 한 번 잡지 못하고 첫사랑이 된 순이. 나훈아가 지금도 여전히 찾아 떠나고 있는 순이. 잊을 수 없는 그 이름은 만인에게 그리움의 대명사가 되었다.

"금방 한미 외교, 국방 회담이 끝났다.
이 민족의 갈라진 가슴에도
이렇게 따뜻한 봄날이
하루빨리 다가오길 기도해 본다."

이 글은 2021년 3월 18일에 쓴 것으로 날짜가 적혀 있다. 그날 신문 기사를 검색했다.

2021년 3월 18일 한미 외교·국방(2+2) 장관회의는 서울 외교부 청사에서 정의용 외교부 장관과 서욱 국방부 장관, 안토니 블링컨 미국 국무부 장관과 로이드 오스틴 미국 국방부 장관이 참석한 가운데 개최된 고위급 외교·국방 회담이다.

회의 주요 내용으로는 한미동맹 강화 및 북핵·탄도미사일 대응, 확장억제 및 연합 방위 태세 강화, 미래지향적 협력 확대 등이다.

이 회담은 한미동맹의 전략적 가치를 재확인하고, 북핵 등 주요 안보 이슈에 대한 공조와 미래지향적 협력의 토대를 마련한 중요한 외교·국방 외교 행사였다.

그날로부터 거의 5년이 지나간다. 안타깝게도 아무것도 변하지 않았다. 아니 요즘은 트럼프에 의해 이 동맹마저도 훼손되고 있다. 남북으로 갈라선 지 77년. 그동안 시간은 박제되었다. 민족의 갈라진 가슴에는 여전히 찬바람만 분다. 한반도의 봄은 요원하기만 하다.

"오가는 인연 속에
세상은 아름답게 흘러간다!"

인연은 마음과 마음이 닿는 일이다. 몸과 몸이 닿는 일이기도 하다. 같은 시간과 공간을 공유한다. 가까이 있으면 서로를 끌어당길 확률이 높아진다. 인연의 중력이다.

그렇다고 그 중력이 영원할 리 없다. 변수는 늘 끼어든다. 이번에는 끌어당긴 만큼 밀어내는 힘으로 작용한다. 작용과 반작용, 다가옴과 멀어짐, 마치 별처럼 인간에게도 각자의 궤도가 생긴다. 내면의 비중이나 밀도를 내공이라 한다면 궤도는 내공에 따라 수정된다. 결국 인연이란 내가 감당할 수 있는 궤도 안에서 맺어진다.

살다 보면 궤도를 이탈하는 인연들이 생긴다. 누구의 잘잘못을 따지기 전에 그건 아주 자연스러운 일이다. 익은 사과가 나무에서 떨어지듯, 온전히 산화한 별이 별똥별이 되듯 말이다.

한때 당신 주위를 끈질기게 맴돌던 나를 스스로 놓아준다. 풀어진 궤도는 은하수처럼, 회야천처럼 흘러간다. 흐를 수 있기에 아름다울 수 있다.

"김밥 3줄 다녀감

S, J, J"

아마 S와 J와 J가 김밥 한 줄씩인가 보다. 왜 김밥일까. 얼굴이 동글동글해서일까. 피부가 까무잡잡해서일까. 아니면 나처럼 허리가 두루뭉술해서일까. 아마도 중년 여성일 세 사람이 스스로 김밥이라는 애칭을 지어 불렀으리라 생각하니 유쾌해진다.

초등학교 1학년 때였던가. 외갓집에서 학교를 다녔는데, 첫 소풍이 다가왔다. 그날 비가 올까도 걱정이었지만 내 근심은 따로 있었다. 할머니가 과연 김밥을 둥글게 잘 말 수 있을까 엄려되어 잠이 안 왔다. 엄마가 있으면 좋을 텐데. 소풍날 아침, 나는 할머니 앞에서 눈물을 뚝뚝 흘렸다. 다행히 할머니는 예쁜 김밥 도시락을 싸주셨다. 그래도 나는 김밥을 먹으며 엄마가 보고 싶었다.

김밥은 평범한 일상에 살짝 퍼지는 오색 파문이다. 검은 겉과는 달리 속에는 색색의 맛이 들어있다. 별것 아닌 속이지만 모아 놓으니 향연이 된다. 비싸지 않아도, 귀하지 않아도 김밥으로 인해 우리는 특별한 순간을 맛본다. 비록 허리가 없어도 예쁘기만 한 김밥이다.

"오늘 하루도 다 갑니다.
알록달록 옷 입고 운동하는 모습,
참 이쁩니다."

나의 하루는 내가 채우는 게 아니다. 아침에 눈을 뜨면 침대 옆 창으로 햇살이 비춰든다. 오늘처럼 비가 오는 날에는 빗소리가 방 안에 가득 찬다. 휴대폰을 켜면 간밤에 일어났던 일들이 눈을 뜨고 꾸는 꿈처럼 펼쳐진다. 아침은 순식간에 밀물처럼 밀려왔다가 썰물처럼 빠져나간다.

　'지금'은 낮이라는 나무에 열린 황금 열매다. 지금 따지 않으면 사라진다. 내 마음은 늘 시간을 따라가지 못한다. 마치 허들 경기처럼 몇 개의 장애물을 넘어야 '지금'에 닿을 수 있다. 의문과 생각과 감응이라는 허들이다. 간혹 이 허들들을 넘어 '지금'에 닿으면 불현듯 세포가 살아나고 눈이 번쩍 뜨인다.

　밤이 되면 내 방에는 어스름한 그림자들이 들어찬다. 바람이 불면 그것들은 벽과 문과 가구들에 닿아 꺾어지고 분해된다. 나는 머릿속에서 퍼즐을 맞추듯 나뭇가지 그림자 하나를 맞춰낸다. 그러다 잠이 들면 나의 하루가 다 간다.

　나는 내가 보낸 하루하루의 더미 위에 앉아 있다. 지인이 티벳 고문자 박물관에 다녀와 흥분된 목소리로 전했다. 나의 가운데 이름자인 '응'이 해가 뜨고(ㅇ), 그리고(ㅡ), 해가 집니다(ㅇ)의 뜻으로 쓰였다고. 바로 하루다. 마음이 저릿해졌다.

"까맣게 잊어버렸다.
아이 라인 리터치 받는 날인 걸.
에구에구, 담주로 미루어졌다.
야시 원장님께 많이 미안하다.
이놈의 장마비…."

까맣게 잊어버렸다. 그 사람 이름을. 한국 영화의 간판스타이자 연기파 배우다. 여러 영화와 드라마에서 그의 얼굴을 보아왔다. 지금도 왕성한 활동 중이다. TV에서 인터뷰를 하는 그를 잠깐 보고 자리를 떴다. 근데 이름을 잊은 그의 얼굴이 자꾸 머릿속을 맴돌았다. 마치 뇌에 가시랭이가 일어난 것 같았다.

신영균, 신성일을 떠올렸다. 그리 오래된 이름도 기억하는데. 잠시 안도의 숨을 쉬었다. 설경구를 생각해 내는 내가 대견했다. 박해일도 있고 공유, 송중기, 박보검, 줄줄이 이름을 외었다. 한국 남자 배우의 번쩍거리는 계보다. 그는 설경구와 박해일 사이 어디쯤엔가 있다. 옛날 괄호를 채워야 하는 문제를 만난 때처럼 갈수록 빈칸이 하얘졌다.

물론 검색을 하면 당장 알 수 있으나 알 수 없는 자존심이 빳빳이 고개를 들었다. 기어코 기억해 내고야 말리. 계속 생각하자 두통이 밀려왔다. 창문을 열고 심호흡을 했다.

끝까지 검색하지 않았다. 생각나지도 않았다. 며칠 그러고는 잊어버렸다. 그러다 어느 날 컴퓨터를 켜다가 떠올랐다. '접속'이라는 단어가 매개가 되었는지도 모르겠다. "한석규" 그의 이름이 그렇게 그리운 것인지 미처 몰랐다. 그날 내 마음에는 단비인지 찬비인지 모를 비가 내렸다.

"오랜만에 와보니
옛날 친구 한 사람 안 보이니
내 마음이 찹찹하네요.
그때 만난 옛 친구들
다 어디에 갔을꼬.
보고 싶은 옛 친구
언제 오려나 기약조차 없네.
어디에 있든 건강히 잘 계시게나."

스무 살 때, 밑단이 닳은 청바지에 하나뿐인 체크 남방을 입고 버스를 탔다. 퇴근 무렵이라 버스는 혼잡했다. 버스비를 내미는 나를 보며 차장이 반색했다. 그러는 그녀가 낯설었다. 잠깐 머뭇거리는 사이 버스 뒤쪽으로 밀려들어 갔다. 품고 있던 책을 떨어뜨리지 않으려고 한쪽 팔에 힘을 줬다.

내릴 정류장에 가까워지자 나는 사람들 사이를 비집고 나아갔다. 다시 그녀가 나를 알아보고 방긋 웃었다. 자주색 빵모자에 같은 색 유니폼을 입고 가방을 허리에 차고 있었다. 버스에서 내리는 순간 그녀가 내 손에 무언가를 한 움큼 쥐여주었다. 당황하는 나를 지나치며 그녀가 "오라이"를 힘차게 외쳤다.

집에 와서 펼쳐보니 꼬깃꼬깃 구겨진 회수권이었다. 회수권은 그 당시 쓰이던 학생용 버스표다. 아마도 야간 중학교 동창이었을 그녀가 책을 끼고 있는 나를 대학생이라 생각하여 나름 장학금을 건넨 셈이다. 그 회수권을 하나하나 펴면서 부끄러웠던 감정이 지금도 기억난다.

어려웠던 한 시절, 맨몸으로 용감히 세상을 헤치고 나갔던 나의 수많았던 친구들! 엄마를 위해, 오빠를 위해, 국가를 위해 피땀을 바쳤던 아름다운 나의 친구들! 어디에 있든 건강히 잘 계시게나.

"끝내는 것보다는 다시 시작하는 게 나을까요?
추억만 먹고 사는 것보다는
현실을 이해하고 부대끼며 사는 게 더 낫나요?
무엇이든 양보하고 이해하고 배려하는 게 어렵네요.
상대방 입장에서 생각해 보는 거
좀 더 많은 공부가 필요한 것 같아요."

이 글을 쓰고 있는데 남편이 틀어놓은 라디오에서 최진희의 '상처'가 흘러나온다. 마음에 발간 발진이 돋는다. 쓰라리다. 군데군데 글자가 번져있다. 눈물이 떨어진 자국이다. 글쓴이의 고통이 고스란히 전해져 온다.

사랑의 지속은 어렵고 힘들다. 내 안에 너를 들인다는 건 내가 허물어지는 걸 전제한다. 그렇지 않은가. 너와 나는 서로 다른 개별적 존재다. 모든 존재는 자신의 생존과 항상성을 유지하려는 본능이 있다. 생명의 속성이다. 사랑은 그 본능을 역행하는 행위다.

잠시 운명인지 호르몬인지 모를 압력에 의해 사랑에 빠지지만 머지않아 서로의 극명한 차이를 마주 보지 않을 수 없다. 이제 내가 얼마나 허물어질 수 있느냐의 문제에 이른다. 이해하고 양보하고 배려하는 게 어려운 것은 나에 대한 집착을 벗고 변화하는 게 고통스럽기 때문이다.

인식 속에 배인 자기중심적 감정은 사랑을 원치 않는다. 사라지는 걸 두려워하는 건 생명만이 아니다. 끈질기고 지독한 감정들을 탈피하듯 벗고 나면 새로운 내가 탄생한다. 새로운 나는 좀 더 커지고 깊어져 있다. 사랑이 축복인 이유다. 지금의 사랑이 계속되든 끝나든 이 사랑은 축복임이 분명하다. 눈물 자국에 담긴 고통의 흔적이 그것을 말해준다.

"외상하고 갑니다.
내일 방문하여 지불하겠습니다."

언덕을 내려가는 발걸음이 천근 같이 무거웠다. 저만치 쌀가게에서 희미한 불빛이 새어 나왔다. "쌀"이라는 글자가 붉게 쓰인 유리문을 힘겹게 밀었다. 의자에 앉아있던 주인아주머니가 살짝 일어나려다가 도로 앉았다. 썩 반가운 표정은 아니었다.

그도 그럴 것이 늘 외상으로 쌀을 가져가는 우리 집이었다. 아이가 왔으니 외상값을 갚을 리는 없겠고, 또 외상으로 쌀을 가지러 왔다는 걸 아는 모양이었다. 눈을 내리깔고 우물쭈물하는 나에게 아주머니는 말없이 봉투를 내밀었다. 사정없이 싹 깎은 됫박쌀 두 되였지만 다시 생각하면 참 감사한 일이다.

지금은 그 자리에 있을 리 만무한 가게가 눈에 선하다. 가능만 하다면 음료수 한 박스라도 사 들고 찾아가고 싶다. 요즘 사람들은 현금을 가지고 다니지 않는다. 무인카페 커피값 1,000원은 얼마든지 내일 갚을 수 있을 것이다. 한 치 여유가 없는 생활 속에서 '외상'이라는 조그만 틈으로 숨을 쉬었던 그때가 생각난다.

"날씨가 꿀 같다."

'2021년 3월 28일 오후 4시 50분'이라 적혀있다. 이상 기후가 감지된 지 이미 오래다. 아마 그해도 유난히 추웠거나 더웠을 것이다. 특히 초봄은 변덕이 심하다. 그 와중에 몇 안 되는 날씨가 좋은 어느 날이었을 것이다. 날씨가 꿀 같다니 기가 막힌 표현이다.

꿀 같은 날씨는 대체 어떤 날일까? 꿀에서는 향기가 난다. 3월 말, 개나리가 까르르 웃어대고 진달래는 수줍게 볼을 붉힌다. 민들레도 햇살보다 더 밝은 노란 조명탄을 쏘아 올린다. 잘하면 벚꽃도 핀다. 공기 중에 꽃향기가 둥둥 떠다닌다.

꿀은 달콤하다. 봄이 되면 괜히 마음이 싱숭생숭해진다. 겨우내 얼어붙었던 마음의 빗장이 헐거워진다. 봄바람이 살랑이며 파고든다. 어디라도 가서 누구라도 만나야 할 것 같다. 하늘에는 새들이 쌍쌍이 난다. 카렌의 분홍신이라도 신은 듯 발걸음이 가볍다. 어디쯤 내 사랑이 기다리고 있을까. 저만치서 단내가 은은하게 풍겨온다.

꿀 같은 날, 꿀 같이 향기로운 사람을 만나 꿀처럼 달콤한 시간을 보내고 싶다. 그러니 봄이여, 꾸물대지 말고 어서 오라!

"우리가 게으름에 빠져서
삶을 무가치하게 보내는 것은
아닌지 돌아본다."

오래된 강박이다. 언제부터 부지런함이 인간 최고의 덕목이 되었는가. 아마도 인류가 농경 생활을 시작하고부터일 것이다. 생산의 근원이 노동이고, 노동의 양이 생산의 양을 좌우하기 때문이다. 잉여물을 탐하는 인간은 갈수록 물질에 가치를 두는 세상을 만들었다. 따라서 게으름은 인간의 비도덕적 행위 목록 상위에 오르게 되었다.

사실 게으름은 달콤하다. 그렇지 않은가. 숨 막히는 능률의 잣대에서 벗어나 무위의 시간을 보내는 것은 인간을 더없이 행복하게 한다. 어쩌면 노동은 게으름을 위한 전제조건인지도 모르겠다. 게으름을 얻기 위해 부지런해야 하는 것이다.

열심히 살아온 당신, 나무늘보처럼 세상에 느슨하게 매달려서 좀 게으름을 피워도 괜찮지 않을까. 게으름의 시간을 만끽하는 것이야말로 마치 신화처럼 박제된 강박에서 벗어나는 길이 아닐까. 힘을 빼야 가치와 무가치가 전도하는 세상의 이치를 엿볼 수 있다.

"날씨가 춥네요.
감기도 조심하시고
코로나도 조심하세요."

현대인의 정서는 코로나 이전과 이후로 나뉜다는 말이 있다. 그만큼 코로나 팬데믹은 인류에게 지대한 영향을 미쳤다. 사람들은 두려움에 떨었다. 마스크 한 장을 구하려 긴 줄은 서며 잠깐 인류의 종말을 떠올리기도 했다.

인류는 어떻게 지구에서 이토록 오래 살아남는 종이 되었을까. 만약 인간이 비슷한 몸집의 야생 동물과 대결한다면 누가 살아 남을까. 답을 얻기에 그리 어려운 문제가 아니다. 인간에게는 날카로운 이빨도, 뿔도, 발톱도 없다. 순간적 속도를 내는 근육도, 피부를 보호하는 털도 없다. 그 모든 것을 포기하고 인간은 지능을 선택했다. 그것도 집단지능이다. 무리를 이룬 인간은 말과 글을 근간으로 거대한 집단을 지향한다. 서로 모여야 가능한 전략이다.

코로나는 그 근간을 흔든다. 더 이상 모일 수 없다. 그 틈을 타고 인터넷 플랫폼이 급성장한다. 오늘날 AI 시대에 이르러 더 가속화되고 있다. 이제는 집단 지성을 넘어 특수지능을 지향하는 것 같다. 서로 만나지 않고도 집단 지성을 이어갈 수 있다는 게 어쩌면 다행일까.

하지만 "코로나도 조심하세요"라는 말에 마음이 뭉클해지는 이유는 뭘까. 이제 서로의 체온과 육성과 눈빛을 어디에서 느낄까. 쌀쌀해지는 바람에 절로 몸이 움츠러든다.

"우연이라는 게 있나 봅니다.
예쁜 사모님들을 만나서
커피 한잔하고 갑니다."

우연만 한 필연이 있을까. 말장난 같지만 생각해 보면 필연은 연산이 가능하지만 우연은 그 범위를 벗어난다. AI도 우연을 예측해 내기는 쉽지 않을 것이다. 앞뒤 맥락 없이 가닿는 것은 어쩌면 기적이다. 그리 보면 인생사는 시공간이라는 통속에서 일어나는 랜덤 게임이지 싶다.

신기하게도 그때, 그곳에, 그대가 있었다. 마치 정교한 퍼즐 조각처럼 우리는 딱 맞추어졌다. 커피 한잔하는 시간에 불과하지만 그건 순간순간이 빚어내는 시간의 완성이다. 다시 돌아갈 수 없기에, 다시 경험되어 질 수 없기에 우연은 필연이 된다.

앞에서 오는 우연이라는 손님을 맞아 기껍게 시간을 보내자. 손을 흔들며 사라지는 손님은 필연이라는 그림자를 드리우지만 거기에 함몰되지는 말자. 그 그림자 밖에서 새로운 우연이 샛별처럼 돋고 있다.

"내 삶의 인연이란?
사람이 눈 깜박하는 순간, 그 짧은 시간을
가리켜 우리는 '찰나'라고 합니다.
손가락 한 번 튕기는 시간을 가리켜 '탄지'라고 합니다.
숨 한 번 쉬는 시간을 '순식간'이라고 하는데
'극히 짧은 동안'을 말합니다.
헤아릴 수조차 없는 길고 긴 시간을 '영겁'이라 합니다.
잠자리 날갯짓으로 바위가 닳아 없어지는 것을
'1겁'이라고 합니다.
우리가 살면서 만나는 수많은 인연들은
몇 겁이 지난 소중한 인연입니다.
나에게 맺어진 인연들을 소중히 여기며
언제나 행복한 마음으로 사랑하며 삽시다."

빨리만 가던 시간이 갑자기 아득한 공간으로 바뀐다. 한 점인 나는 마치 우주 고아처럼 광활한 공간을 떠돈다. 그때 가늠할 수 없는 저 먼 곳에서 인연의 끈이 화살처럼 날아와 나를 붙든다. 몇몇 인연으로 허우적거리던 몸뚱이가 그나마 균형을 잡는다. 인연은 불가사의한 이 세상에서 나를 존재하게 하는 유일한 끈이다.

"자전거 한 대 마련했어요.
아직 미숙해서 넓은 반대쪽으로 다니다 보니
이곳 무인카페를 이용 못 했네요.
오늘은 용기를 내어 좁은 길에
자전거를 끌다시피 하면서 왔네요.
오랜만에 앉아 주스 한 잔 마시고….
왠지 여유로워진 것 같아 좋네요.
모두 건강하고 좋은 날만 있기를 바랍니다."

나는 자전거를 타지 못한다. 몇 번 배우기는 했으나 끝내 터득하지 못했다. 두려움 때문이었다. 얇고 높은 두 바퀴에 몸을 싣고 달리는 일은 용기가 필요하다. 어쩌다 넘어져도 기꺼이 고통을 감내하겠다는 마음가짐 말이다. 용기가 두려움을 딛고 넘어서는 순간 자전거의 은빛 바퀴는 경쾌하게 달려 나간다.

우리는 세발자전거에서 두발자전거로 옮겨 탈 때 어른이 된다. 나란히 굴러가는 두 개의 바퀴는 이원론적인 세상을 상징하는 것 같다. 물질과 정신, 주관과 객관, 욕망과 도덕, 가격과 가치, 세상의 두 바퀴는 정신없이 돌아간다. 그 위에서 넘어지지 않으려 균형을 유지하며 속도를 조절하는 것은 세상살이와 닮아있다.

사실 그보다 더 중요한 것은 타고 있는 자전거가 어디로 가고 있느냐이다. 마음의 화살표를 따라 용기 내어 온 그곳이 행복한 곳이었으면 좋겠다. 글쓴이처럼 여유롭게 주스 한 잔 마실 수 있는 그런 곳이었으면 좋겠다.

긴 머리카락을 가을바람에 날리며 한 여자가 자전거를 타고 달린다. 그 뒤에서 회야천 윤슬이 박수를 치며 응원한다. 자전거를 타지 못해 아직 어른이 되지 못한 나는 부러운 시선으로 그녀의 뒷모습을 쫓는다.

"다이어트 중입니다.

소고기가 너무 먹고 싶네요.

사실 아이스크림이 더 먹고 싶어요.

하나만 먹으면 안 되겠죠. 살찌겠죠.

눈물이 나네요. 엉엉.

행복하세요. 모두들."

사실 양귀비는 뚱뚱했다고 한다. 여유 있는 살집은 풍요와 다산을 의미했다. 농경사회에서 여성의 역할과 부합한다. 기술의 효율성이 낮았던 시대에 살이 찐다는 건 로망이었을 것이다. 얼마 전까지만 해도 복스럽다는 이미지는 여성 아름다움의 기준이었다.

시대가 바뀌었다. 먹거리가 흔해진 요즘, 옛날의 로망은 포비아가 되었다. 실제로 인기 연예인을 본 적이 있는데 깜짝 놀랐다. 너무 말랐기 때문이었다. 살아서 움직인다는 게 신기할 정도였다. 유튜브니 SNS니 하는 매체의 발달로 포비아 현상은 급속히 퍼졌다. 살찌는 것에 대한 공포가 다이어트라는 강박을 만들어 내는 것 같다.

맛있는 것을 입에 넣으면 뇌는 도파민을 분비한다. 인간은 행복을 느낀다. 먹지 않으면 죽어야 하는 인간을 위한 신의 설계다.

며칠 전 두 돌 된 손녀가 혀짧은 소리로 이렇게 말했다.

"아탕 하나만 더 주세요."

나는 제 어미 몰래 사탕 하나를 더 주었다.

눈물이 나도록 다이어트를 하는 그대. 혹여라도 다음에 만나게 된다면 꼭 아이스크림 하나 사 드리겠다.

"잘 먹고 갑니다. ㅎㅎ"

나의 삼십 대는 너무 고달팠다. 형편은 어려운데 아이들은 어렸다. 몸은 젊은데 욕망은 꿈틀댔다. 그 욕망으로 발을 디디면 뜨거운 세상에 발바닥을 데었다. 양말도, 신발도 없이 맨발로 사는 인생이었다. 게다가 시댁이나 친정이나 걱정이 끊이지 않았다.

뜨거울 때마다 펄쩍펄쩍 뛰었지만 언제나 그 자리를 벗어날 수 없었다. 울기도 많이 했다. 하나의 매듭이 풀리려면 그것이 꼬였던 시간보다 더 많은 시간을 필요로 한다는 것을 그때는 몰랐다. 상처 난 발바닥으로 서 있기조차 힘들면 나는 형님에게로 갔다.

나보다 열두 살이나 많은 동네 형님이었다. 내 안색을 보고는 손을 끌어 아랫목에 앉혔다. 주방으로 간 형님은 뚝딱뚝딱 밥상을 차렸다. 소박하지만 따뜻한 밥상이 내 앞에 놓였다. 그리고 한 마디. "울지 말고 밥이나 먹어라."

먹는다는 것은 인간에게 가장 원초적인 욕망인 동시에 무거운 짐이다. 그러면서도 가장 따뜻한 위로다. 회야천을 거닐며 온갖 근심 걱정을 날려 보내는 그대. 이곳 무인 카페에서 한잔의 커피, 한 모금의 물을 마시고 스스로 위로하시라. 다시 일어나 저 오붓한 산책로에 건강한 발자국을 찍으시라. 행복이 저만치서 팔을 벌리고 그대를 기다리고 있다.

"당신의 소식 전해 다오."

전화벨이 울렸다. 발신자 표시가 없었다. 그래도 개인 번호라 망설이며 통화 버튼을 눌렀다.

"여보세요. 이거 응숙이 번호 맞는가요?"

시간의 터널 저쪽에서 목소리 하나가 화살처럼 달려와 가슴에 꽂혔다. 덜컥 심장이 내려앉았다.

나는 사랑스러운 학생이 아니었다. 발밑만 내려다보고 좀처럼 상대의 눈을 바라보지 않았다. 말이 없고 곁을 주지 않는 껄끄러운 아이였지 싶다. 그도 그럴 것이 가난한 형편으로 한 학기 남짓 다니던 중학교를 중퇴한 후였다. 내상을 입은 짐승처럼 웅크리고 들어간 야간학교였다. 그곳에서 선생님을 만났다.

선생님은 사진기를 들고 와 모습은 남루하지만 눈빛이 초롱초롱한 우리 사진을 찍어주고, 카세트테이프에 팝송을 녹음해 나눠주고, 서가의 책들을 빌려주셨다. 그리고 제법 공부를 잘했던 나의 고등학교 첫 학기 등록금을 내주셨다.

오랜 세월 나는 선생님의 소식을 외면했다. 그 고등학교마저 중퇴하고 아무것도 되지 못한 나는 동창회나 사은회에도 나가지 않았다. 그런데 그 선생님이 내 전화번호를 수소문해 전화를 거신 것이다.

"나는 네가 하도 안 보이길래 동창회도 못 올만큼 형편이 안 좋은지, 어디가 많이 아픈지 걱정했다."

마음이 물컹해졌다. 그 긴 시간 선생님이 나를 걱정해 주고 계셨다니.

얼마 지나지 않아 나는 선생님이 살고 계신 하남을 향해 기차를 탔다. 기차는 긴 터널을 지나 달려 나갔다. 저만치 선생님이 환하게 웃고 계셨다.

"커피 한 잔의 철학
조그만 콩이 무슨 힘이 있겠는가 생각하기 쉽지만
배고플 때는 따뜻한 간식이 되어준다.
이처럼 우리 인간도
남에게 도움이 되어야 하지 않을까?"

커피는 coffee bean에서 추출한 음료다. bean이 콩이니 커피콩이라 불러도 무방하겠다. 크기도 콩만 하고 모양도 좀 눌러놓은 콩 같다. 그것을 볶고 갈아 물에 타거나 내린다. 우리네 인생처럼 쓰고 시고 달고 고소하고 떫은, 오묘한 맛을 가진 커피는 세계인을 사로잡았다. 특히 요즘 한국인들은 커피에 중독이라도 된 듯하다.

조그만 콩의 엄청난 위력이다. 어쩌면 작기 때문에 가지는 힘인지도 모르겠다. 예전에 이웃 형님과 고구마 밭을 함께 일군 적이 있었다. 가을이 되어 나란히 앉아 호미로 고구마를 캤다. 아마추어 농부들이라 고구마는 잘았지만 제법 쏠쏠했다. 문득 형님이 이런 말을 했다.

"재은이 엄마야, 이 고구마가 금덩이면 얼마나 좋을까?"

만약 고구마만 한 금덩이가 나왔다면 그 뒤가 기쁘기만 했으리라고 장담하기 어렵다. 누가 먼저 땅을 구했는지, 누가 일을 더 많이 했는지 모든 게 문제가 될 게다. 어쩌면 재판장에 서게 될 수도 있다.

사람은 작은 것은 나누기 쉬워도 큰 것을 나누기는 어렵다. 다행히 커피콩이 작아서, 비싸지 않아서 우리에게 간식이 되어주는 건 아닐까. 가끔 사람도 잘 나지 않아서, 평범하고 작아서 위로가 될 때가 있는 것처럼 말이다.

"무작정 걸어보네.
아무런 목적지도 없으면서 그냥 걷다 보면
이곳 무인 카페에 도착해진다.
음악이 좋구먼. 상당히 경쾌하고.
오늘은 걸어서 절에나 가볼까 한다.
절에 가서 부처님께 절을 하고 와야겠다."

오래전, 무작정 걷는 것은 내 전공이었다. 공납금을 내지 못해 중학교를 중퇴하고 보니 학교에는 내가 앉을 자리가 없었다. 수시로 빚쟁이가 찾아오는 집에도 편히 앉을 자리는 없었다. 그렇다고 열세 살 어린아이가 앉을 수 있는 직장이 있을 리 만무했다.

나는 수시로 무작정 걸었다. 불안과 괴로움으로 점철된 집에서 멀리 떠나는 것이 목표였다. 길은 길로 이어져 있어서 다행히 멀리 갈 수 있었다. 이름도 모르는 동네 골목을 서성였다. 노을에 젖은 어느 집 마당을 지나는데 개가 컹컹 짖었다. 작은 동산에 올라 하나둘 불이 켜지는 동네를 내려다보았다. 어린이 방송 시그널이 울리고 아이들이 엄마를 따라 집으로 들어갔다. 밥상에 둘러앉은 가족의 그림자가 창문에 일렁였다. 그냥 눈물이 흘렀다.

발뒤꿈치에 무거운 그림자를 매달고 달을 따라 캄캄한 집으로 돌아왔다. 딸을 기다리며 애태웠을 어머니가 밝힌 희미한 백열전구가 쪽마루 현관에 걸려 있었다. 또다시 눈물이 흘렀다. 내일은 어머니 산소에 가서 절이라도 하고 와야겠다.

"평범한 사람도 천재성은 존재한다.
다만 중도에서 포기할 뿐이다."

〈굿 윌 헌팅〉, 〈히든 피겨스〉, 〈뷰티풀 마인드〉, 내가 좋아하는 영화들이다. 다 천재들이 등장한다. 청소부를 하는 수학 천재 청년, 나사에서 차별받는 수학 천재 흑인 여성, 조현병을 앓는 천재 물리학자 등이다. 평범한 사람이 평생 걸려도 해결이 안 되는 문제를 그들은 한순간에 꿰뚫어 낸다. 천부적 능력이다.

아이를 낳아 키우다 보면 내 아이가 천재인 것 같은 순간이 있다. 불완전한 발음으로 표현하는 참신한 말 한마디, 겨우 잡은 연필로 그리는 신비한 그림 한 장, 모든 것을 놀이화하는 기발한 행동에서 부모는 아이의 천재성을 감지한다. 그때부터 아이를 향한 뜨거운 교육열이 시작된다.

교육은 이미 세상에 있는 지식과 정보를 효율적으로 가르치는 것이다. 천재성이 내면에서 발아되는 것이라 볼 때 교육과 천재성은 배치된다. 교육이 커질수록 천재성을 빛을 잃는다. 천재가 평범한 사람이 되는 과정이다.

천재에게도 여러 인생 문제들은 있다. 천재도 풀기 어려운 그 문제를 지혜롭게 푸는 자들이 진정한 천재가 아닐까. 그리 보면 천재는 치열하게 삶을 살아내는 평범한 사람들 속에 섞여 있다. 혹 당신이 그 천재는 아니신지.

"분위기 좋은데, 참 좋은데.

음악 좀!

트롯도 좋지만요.

7080 POP도 좋은데요.

아쉽네요."

남편과 나는 음악 취향이 전혀 다르다. 약간의 음악적 재능을 가진 남편은 소리 자체가 만들어 내는 하모니를 즐긴다. 주로 오케스트라가 연주하는 클래식이다. 약간의 문학적 기질을 가진 나는 서사나 감성이 실린 가사가 있는 곡을 좋아한다. 주로 발라드나 팝송이다. 음악은 거실을 가득 채우며 분위기를 만들어 낸다. 결국 편안과 행복을 느끼는 감각이 다른 셈이다.

하루 종일 클래식을 듣고 있으면 멀미가 난다. 파도가 밀어닥치는 것 같은 관악기의 음색이 더욱 그렇다. 파도치는 바다 위에 앉은 듯하다. 내가 전축을 끄고 유튜브로 발라드를 틀면 남편은 가사가 유치하다며 투덜거린다. 젊은이들의 심리를 디테일하게 표현한 가사를 너무 사소한 것까지 다 드러내 불평하는 것으로 간주한다. 40년을 함께 살아도 좁혀지지 않는 거리다.

무인카페에서는 트롯이 무한 반복된다. 그날 사장님의 기분에 따라 픽업된 가수는 하루 종일 마치 내 속을 꺼내 놓은 것처럼 노래한다. 하지만 계속 듣고 있으면 좀 처량해지는 것도 사실이다. 그래도 무인카페에는 디제이가 없으니 어쩌겠는가. 옛날 투명유리 안에서 가볍게 몸을 흔들며 신청곡을 받던 디제이가 그리워진다.

"한 살 된 애기는 엄마 품을 그리워하지만
열 살 된 애기는 부모의 능력을 그리워 합니다.
오늘도 파이팅!"

열 살이면 초등학교 3학년이다. 나는 그 나이에 어땠는지 생각해 본다. 잘 생각나지 않지만 일단 동생은 둘 있었다. 우리 집이 엄청 가난하다는 것도 알았고 가난이 슬프다는 것도 알았다. 왜냐하면 집을 떠나 외갓집에서 지내야 했기 때문이었다.

엄마 아버지가 불쌍하다는 생각을 많이 했다. 세월이 지나면서 그 감정은 인간에 대한 연민으로 확장되었다. 내가 이것을 인지하기 전까지 내 마음의 가장 큰 부분을 차지하고 있던 정서다. 나는 지금도 누군가에 대한 연민으로 가슴이 에일 때가 있다. 나의 고통과 결핍을 통해 타인을 공감할 수 있다는 건 아이러니하다.

나에게는 부자 친구가 하나 있다. 한때 그녀의 고민은 아이들이 너무 부족함을 모르고 자기중심적으로 자라는 데 있었다. 풍족한 환경은 제공할 수 있었지만 진정한 결핍을 경험하게 할 수는 없었다. 풍요를 주면서 결핍을 빼앗은 것 같다는 그녀의 말이 새삼 떠오른다.

"비가 오는 회야강 오전이다.
마른 강가에 비가 좀, 푹 내렸으면 얼마나 좋을까.
그러면 목마른 풀잎과 나무들,
강 속의 물고기들이 얼마나 좋아할까?
물속에 떨어지는 빗방울을 보면서 생각했다."

한동안 비가 오지 않자 모든 것이 메마르기 시작했다. 골짜기마다 물이 마르고 저수지가 민망한 배를 드러냈다. 스치는 바람에서도 먼지 냄새가 났다. 입술이 트고 자꾸만 마른기침을 했다. 살아있는 것들은 갈증을 느끼며 허덕거렸다.

언제나 비는 긴 기다림 끝에야 오곤 한다. 하늘에 습기가 배고 작은 빗방울이 하나둘 떨어진다. 풀잎은 혀를 길게 빼고 빗방울을 받아 마신다. 비를 맞는 나무에서는 나직한 안도의 숨이 뿜어져 나온다. 물고기들은 물 위에 퍼지는 파문을 보고 늘어져 있던 지느러미를 편다.

비는 축복이다. 여전히 대기가 순환한다는 자연의 신호다. 비가 오면 뭇 생명이 파닥이기 시작한다. 아직은 살아서 사랑할 수 있다며 호흡이 깊어진다. 그대들이 얼마나 좋아할까 생각하니 가슴이 부풀어 오른다. 맨발로 비 오는 들판으로 뛰쳐나가고 싶다.

"혼자라서 쓸쓸하네요.
둘이 있다면 얼마나 좋았을까.
차 한잔하고 갑니다."

이 글은 비망록 작업을 흥미로워하던 수필가 '최인정'님이 써주신 글입니다.

가끔 뜬금없이 쓸쓸하고 외로울 때가 있다. 무작정 산책을 하러 가기도 하고, 걸려 오지도 않는 전화를 기다린다. 카톡 소리에 귀를 기울이고 그러다가 나는 왕따가 아닌가 생각한다.

바쁘게 살다가 일정이 없거나 혼자 노는 것이 무료할 때 주로 그런 마음이 든다. 그러다가 또 며칠 사람들 속에서 치이다 보면 혼자만의 시간이 그립다.

사랑도 그렇다. 곁에 없으면 죽을 것 같다가도 돌아서면 언제 잊히는 줄 모르게 잊어버린다. 그러다가 외로워지면 또다시 인연을 만들고.

회야천 산책로를 걷다가 무인카페에 앉는다. 커피 향을 맡으며 혼자서 마시는 차 한 잔. 예고 없이, 맥락 없이 문득 찾아와 가슴을 아리게 하는 것. 그리움이란 그런 거니까. 그래서 또 사랑은 시작되는 거니까.

"사장님, 참 좋은 일 하고 계십니다.
커피 한잔하고 쉬다가 가는 길목이 참 좋습니다.
복 많이 받으세요."

이곳 무인카페는 회야천이 휘도는 기슭에 자리하고 있다. 고물상을 하시는 사장님이 자신의 부지에 컨테이너를 놓고 커피 머신을 설치했다. 의자와 탁자는 재활용품이다. 인테리어 삼아 버리기 아까운 물건을 이것저것 갖다 놓았다. 자잘한 화분들과 낡은 그릇들이 보인다. 아무 맥락 없이, 그야말로 인연이 닿아 한자리에 모인 물건들이다.

자신의 터전을 이웃과 나누는 사장님 덕분에 이 물건들처럼 아무 관계 없는 사람들이 쉬었다 간다. 쉴 수 있다는 것은 행복이다. 다시 걸을 힘을 충전한다.

커피 한 잔 값은 천 원이다. 커다란 나무통 앞에는 이렇게 쓰여있다.

"수익금 전부는 불우 청소년을 위해 쓰입니다."

부자가 가난한 사람에게 기부하는 것은 좋은 일이다. 많은 사람의 손으로 푼푼이 모은 돈을 기부하는 것은 더욱 의미가 있다. 위에서 아래가 아니라 스스로 옆을 살피고 돕는 행동이야말로 인류 문명의 본질이다. 참 복 받을 일이다.

"회야강, 아직 개발이네요?

옆 감나무는 그늘도 아닌데, 좀 쳤으면 좋겠어요.

왜 오늘 망고는 없어요?

기부금 꼭 100%라야 돼요?

물은 그냥 먹어도 돼요?

커피 꼭 나오게 해주세요!!!

물도 좀 많이 나오게 해주세요.

물은 아침 시간 뿐이에요. 그건 사기 아니에요?

누구 보고, CCTV는 왜요?

주변 청소 좀 해주세요!!!

풀베기도 좀 해주세요!!!

화장실은 굉장히 좋은데 무명부실하지 않게 해주세요!!!

많으면 쫓고 적으면 있는 건 아니지요!!!"

한국인에게는 불편함을 참지 못하는 유전자가 있다고 한다. 아니 불편함을 개선하려는 적극적인 유전자라 해야 맞겠다. 오늘날 한강의 기적이라 일컫는 국가 발전을 이룬 원동력 중 하나다. 이 글을 쓴 이는 한국인임이 분명하다.

오 년 전쯤 혼자 독일에 간 적이 있었다. 참으로 파란만장한 여행이었다. 입국 절차가 너무 오래 걸렸다. 프랑크푸르트 공항은 복잡하기로 유명하다. 긴 줄 끝에서 왜 이리 줄이 짧아지지 않는지 열 번도 넘게 고개를 내밀고 상황을 살폈다. 말도 통하지 않으면서 제스처를 써가며 인포메이션 센터를 들락거렸다. 결국 함부르크행 비행기를 놓치는 바람에 동생과 심야의 상봉을 해야 했다.

돌아올 때는 공항에서 파업이 일었다. 무작정 연착하는 비행기를 기다려야 했다. 모두 묵묵히 자리를 지키고 있는데, 나만 풀방구리에 쥐처럼 비행사 프런트를 드나들었다. 매번 '알 수 없다'는 답이 돌아왔을 뿐이지만 어쩐지 가만히 있을 수가 없었다. 머릿속에서는 '도대체, 왜'라는 커다란 의문 부호가 돌아다녔다. 지금 생각해 보니 가장 큰 이유는 내가 한국인이기 때문이었던 것 같다.

위대한 한국인이여, 영원하라! 불편을 놓치지 않고 불만을 토로하는 것에서 개선의 씨앗이 싹튼다.

"살다가 살다가 힘들면
잠시 쉬어가도 좋은 걸."

다음은 "인간은 과연 쉴 수 있는가?"라는 질문에 대한 ChatGPT의 답변입니다.

현대사회에서 우리는 분명히 휴식을 취하려고 노력합니다. 주말, 휴가, 수면, 여행 등은 모두 '쉼'의 형태죠. 그런데 디지털 기기, 성과 중심 사회, 24시간 연결된 일상, 이 모든 것이 육체적 쉼을 방해합니다.

더 근본적인 문제는 이 부분입니다. 휴식 중에도 우리는 생각을 멈추지 못합니다. "내가 지금 잘 쉬고 있는 게 맞나?" "쉴 자격이 있나?" "쉬는 동안 뒤처지면 어쩌지?" 이런 불안, 자책, 강박은 정신적인 휴식을 방해합니다. 어떤 사람은 침대에 누워도 더 지쳐갑니다. 왜냐면 쉼 속에서도 평가 당하고 있기 때문입니다.

인간은 "무언가 되어야 한다", "의미를 만들어야 한다"는 존재론적 압박 속에 살아갑니다. 현대사회는 생산성과 자기 계발을 인간 존재의 기준으로 삼습니다. 그래서 그냥 존재하는 것 자체가 허용되지 않습니다. 쉼조차 잘 쉬어야 한다는 과제가 되어버린 세상입니다.

결론적으로 인간은 쉴 수 있는 존재입니다. 그 권리와 능력은 문화, 구조, 마음가짐에 의해 억압되고 있습니다. 쉼은 단순히 행위가 아니라, 태도이며, 자기 인식의 회복입니다.

"3월 꽃샘 추위에 중늙은이 얼어 죽는다는데….
꽤나 쌀쌀한 날씨입니다.
벌써 벚꽃이 한창인데 추위는 여전합니다."

사람 나이 언제부터가 중늙은이일까. 요즘은 예전보다 다들 젊게 사는 시대니 육십 대부터라고 해도 무방할 듯싶다. 중늙은이란 남들은 늙었다고 보는데 본인은 아직 늙지는 않았다고 생각하는 시기다. 늘 몸이 마음보다 먼저 늙는다.

굳이 인생을 구분해 보자면 어릴 때에는 성장하는 시기라 크느라 애를 쓴다. 젊을 때는 현실에 뿌리를 내리고 살아가느라 애를 쓴다. 그럼 늙었을 때는? 이미 중늙은이가 된 지 한참 된 자격으로 감히 말해 보자면, 이것저것 버리느라 애를 쓴다.

말이 좋아 버리는 것이지 급격하게 닥치는 변화를 겪어낸다고 하는 게 맞겠다. 아이들도 다 독립해 떠났다. 친구보다 의사를 더 자주 만나는 때가 늘어난다. 손에 착착 붙던 물건도 떨어뜨리기 일쑤다. 입에 달고 말하던 단어는 곧잘 가출을 하는데, 돌아오기까지 며칠이 걸리기도 한다.

내가 떠나왔는지 네가 떠나갔는지 중늙은이 옆구리는 허전하다. 그 틈으로 꽃샘바람이 분다. 절로 움츠러든다. 얼어 죽지 않으려면 내복이라도 다시 꺼내 입고, 꽃구경 인파 속에 부러 묻혀볼 일이다.

"더위가 절정인 날씨입니다.
더위가 최고조에 왔을 때, 오늘이 입추라네요.
인생도 가장 힘들다고 느껴질 때
좋은 일이 들어오는 법이라네요."

올여름 만나는 사람마다 주고받는 인사가 있었다.

"아휴. 왜 이렇게 더워요?"

"그러게요. 언제 끝날지 모르겠어요."

헤어질 때는 건강 잘 챙기라는 염려와 함께 용기를 잃지 말라는 말도 덧붙였다. 이제는 여름을 나는 데 상당한 용기가 필요한 시대가 되었다.

동양철학의 정수는 '궁즉통窮卽通'이다. 순환해야 상생한다는 자연의 이치다. 도저히 끝날 것 같지 않은 일들이 계속될 때가 있다. 상황이 시간에 따라 자연스럽게 변화해야 하는데 무언가가 틀어막고 있는 경우다. 그럼 틀어막고 있는 그 무언가는 무엇일까.

십중팔구는 인간의 욕망이다. 구체적인 상황에서는 욕심으로 나타난다. 욕심은 생존 욕구를 넘어서는 탐닉이다. 하수구를 막은 머리카락 뭉치처럼 물 샐 틈 없이 흐름을 막는다. 좀처럼 제거가 어렵다. 좀 줄이거나 버리라고 하면 인간의 마음은 알레르기를 일으킨다. 결국 고인 물은 썩는다.

그나마 자연은 인간보다 가슴이 넓다. 아직은 말이다. 그래서 참고 참으면 입추도 오고 시원한 바람도 분다. 그러나 인간은 다르다. 계속 머리카락을 흘리며 뭉치를 키운다. 자연이 알아서 그 뭉치를 없애주는 건 아닐 것이다. 너무 힘들어서 견디기 어려울 때, 이러다 죽겠구나 싶을 때에 이르러서야 그 욕심이 비로소 조금 허물어지는 건 아닐까. 그 틈으로 비로소 새 희망이 고개를 내밀고 민들레처럼 노랗게 피어나는 것은 아닐까.

"5.18
광주, 그날, 외침, 젊음, 최류탄
울음, 외로움, 아픔"

고통을 직면하는 일은 두렵다. 그것이 사랑 때문이든 정의 때문이든 아니면 나라를 구하기 위한 때문이든 늘 고통은 가치보다 우선한다. 살을 파고드는 생생한 고통 속에서 가치를 잊지 않으려고 몸부림치는 광주 민주화 항쟁 속 인간의 여정을 그렸다. 한강의 《소년이 온다》다.

이 소설이 역사소설이라 불리지 않는 이유는 시대적 맥락보다는 그 틈바구니에서 짓밟히고 뭉그러진 인간의 내면과 서사에 더 집중했기 때문이다. 역사라는 거대 담론에 서서히 묻혀가는 신음을 다시 들려주고 그들을 잊지 말아 달라고 말하고 있다.

지난 겨울, 양산시립 중앙도서관에서 한강 특강을 해달라는 제의를 받았다. 《채식주의자》《흰》《소년이 온다》를 다룰 3회 강연이었다. 특히 《소년이 온다》는 문학적 접근이 어려웠다. 조용한 카페를 찾아 그 고통을 직면했다. 숨쉬기가 어려웠지만 알게 되었다. 고통을 직면하는 것만이, 그 고통을 끌어안는 것만이 앞으로 나아갈 수 있는 유일한 통로라는 걸.

40년도 더 지난 그날을 양산 회야천 무인카페에 앉은 어떤 이가 기억해 비망록에 남겼다. 한강의 바람처럼 그들은 잊히지 않았다.

"▲▲ ♡ ■■ 22일 ㅋㅋㅋㅋ♡

(초딩 아님... 20대 중반ㅋ...)

무인카페 신기해요~~ ▲▲한테 납치 당했어요. ㅎㅎㅎ

몇 년 뒤에도 계속 있으면 좋겠어요!

그땐 결혼해서 오겠습니다~

내 옆에서 무언갈 쪽쪽 빨아먹고 있는 사람이

너무 귀여워요.

매일 같이 있고 싶고 함께 하고 싶어요.

전도하는 법 한 수 배우고 갑니다...

우리 갈게요 ♡

덕분에 좋은 추억 쌓고 가요. ㅎㅎ

2021. 02. 07

근황체크!!

ㄴ 헤어진 듯 ㄹㅇㅋㅋ

ㄴ ㅇㅈ 저런 커플 오래 못감 ㅋ

╱ㄴ 응~ 결혼해~♡ 24. 01. 14 ing~♡ - ▲▲ -

결혼식 날짜 잡고 생각나서 바로 방문!

2025. 03. 08 결혼함 ♡ - ■■ -"

여러 번 읽는다.
마음이 몽글몽글해진다.

"오늘도 비가 내립니다.
쌀쌀한 느낌이 확 드네요.

우산을 쓰고 걸어가는 사람들의 발걸음.
빗물과 함께 흘러가는 시냇물.
수몰된 후에도 빳빳이 고개를 들고
일어나는 풀들.
모든 것이 아름답고 생생합니다!

비가 와도 시냇물은 노래를 하고 흐르고
어디선가 짹짹거리는 한 무리의 새떼들은
늘 감사하고 기뻐하라고 소리칩니다!

오늘도 무조건 감사하고
오늘도 무조건 기뻐하고
생을 즐기세요.

오늘은 최고의 날입니다!
이 순간이 최고의 선물입니다!"

늘 느끼지만 세상에는 숨어있는 고수가 많다.
스승도 참 많다.